哲人石丛书

Philosopher's Stone Series

哲人石丛书

立足当代科学前沿
彰显当代科技名家
绍介当代科学思潮
激扬科技创新精神

策 划

潘 涛 卞毓麟

哲人石丛书

Philosopher's Stone Series

当代科技名家传记系列

上海出版资金项目

Shanghai Publishing Funds

发现天王星

开创现代天文学的赫歇尔兄妹

迈克尔·D·勒莫尼克　著

王乔琦　译

上海科技教育出版社

图书在版编目(CIP)数据

发现天王星:开创现代天文学的赫歇尔兄妹 /(美)迈克尔·D·勒莫尼克(Michael D. Lemonick)著;王乔琦译.—上海:上海科技教育出版社,2018.5(2022.6 重印)

ISBN 978-7-5428-6694-3

Ⅰ.①发… Ⅱ.①迈… ②王… Ⅲ.①赫歇尔(Wilhelm, Herschel 1738—1822)—生平事迹 ②赫歇尔(Caroline, Herschel 1750—1848)—生平事迹 Ⅳ.① K835.616.14

中国版本图书馆 CIP 数据核字(2018)第 047639 号

1788年的威廉·赫歇尔,版画复制品。

卡罗琳·赫歇尔97岁时的生活肖像。图中,她正看着一张太阳系图。

威廉·赫歇尔在1775年左右制造的7英尺长反射望远镜（现代仿制品）。正是凭借这样一架望远镜，他在巴斯家的后院里发现了天王星。

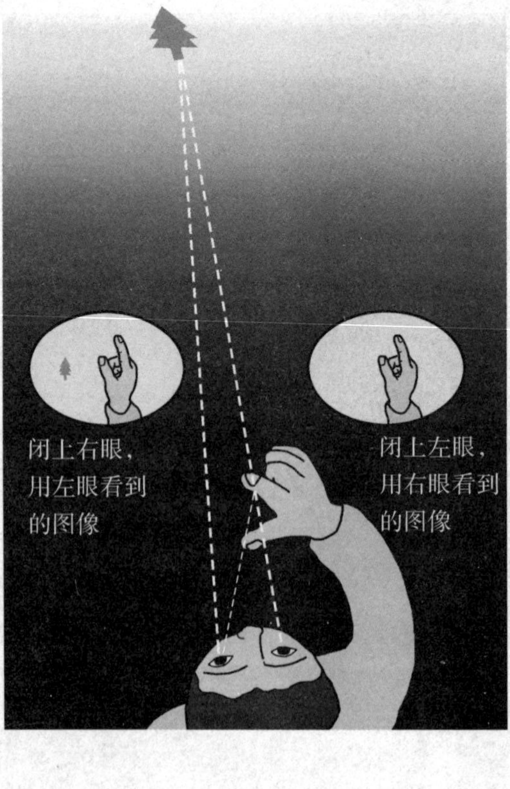

图1　一个常用的视差演示：随着观测眼的改变，手与远处树木之间的相对位置也发生了变化。

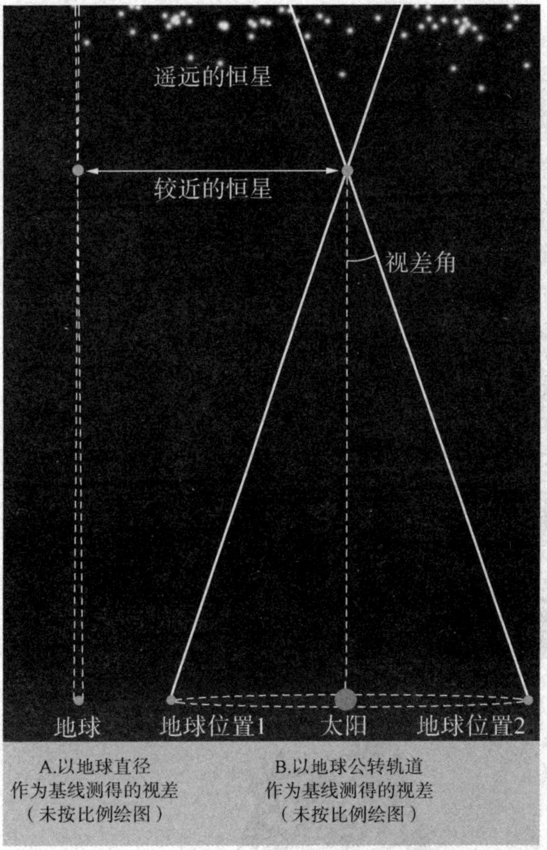

图2　在天文学中，常借助视差测量天体距离。如果在众多遥远恒星形成的背景中观测一颗邻近的恒星(类似图1中的手)，它的位置看上去会随着每天内时间的推移而改变，这是因为地球的自转带着观测者从这颗行星上的一侧运动到了另一侧。如果这还不足以看到视差现象，那就以地球的公转轨道为基线进行测量，这相当于将我们“双眼”之间的距离延长到了2.99亿千米。用这个距离加上邻近恒星的视差角就可以计算出其与地球之间的距离。遗憾的是，即使是距我们最近的恒星，视差也相当微小。

赫歇尔的20英尺反射望远镜。赫歇尔兄妹绝大多数重要的天文工作都是用这架望远镜完成的。

威廉·赫歇尔肖像，1814年。

赫歇尔的40英尺反射望远镜，截至18世纪与19世纪之交，是当时世界上最大的望远镜。遗憾的是，这架望远镜的表现从未达到赫歇尔的预期。

对本书的评价

我们都知道伽利略、牛顿和爱因斯坦,但许多基础性发现其实是由那些不那么知名的科学家作出的。事实上,他们的故事同样精彩——或者说同样富有争议。在本书中,迈克尔·勒莫尼克讲述了18世纪英格兰最引人瞩目的一对兄妹,威廉·赫歇尔及卡罗琳·赫歇尔的故事。他们制造出了当时世界上最大的望远镜,并引导天文学进入现代科学行列。

——尼尔·德格拉斯·泰森(Neil deGrasse Tyson),
美国自然史博物馆天体物理学家,
《冥王星档案》(*The Pluto Files*)作者

内容提要

1781年,威廉·赫歇尔因发现天王星而举世闻名。这是人类文明史上史无前例的伟大发现。赫歇尔的发现告诉我们,我们所处的宇宙要比肉眼所见的大得多。

天王星的发现确实是赫歇尔最为知名的成就,但正如本书所言,他的成就远不止此。赫歇尔早先是个成功的音乐家,35岁左右开始从事天文工作。他和妹妹卡罗琳·赫歇尔一道开创的天文学研究方法沿用至今。在乔治三世国王的资助下,他们组建了一架高达12米的巨型望远镜用于巡天,并将观测到的天体绘制成表,成为编制现代星表的先驱。他们还创造性地提出,我们所见到的恒星仅仅是茫茫宇宙中的沧海一粟。威廉·赫歇尔凭借其聪明才智发现了红外辐射(红外辐射是波长小于微波波段但大于可见光波段的肉眼不可见辐射)。而卡罗琳则将那些美轮美奂的星云汇编成了一份详尽的表。

毋庸置疑,赫歇尔兄妹开创了现代天文学。而本书,《发现天王星》,则用通俗翔实的语言为我们勾勒出了兄妹两人的生动肖像。

作者简介

迈克尔·D·勒莫尼克(Michael D. Lemonick),曾任《时代》(*Time*)杂志高级科普作家,著作颇丰,代表作《大爆炸回响》(*Echo of the Big Bang*)。目前在普林斯顿大学、哥伦比亚大学及约翰斯·霍普金斯大学任教,居于新泽西州普林斯顿。

献给丽塔·伯恩斯坦(Rita Bernstein)及

迈尔·伯恩斯坦(Myer Bernstein),

他们对我的照顾如父母般无微不至。

目录

第一章

如今,很少有人能再邂逅真正的夜空了。地球同温层中漂浮的污染物将人类文明发出的光无数次扭曲、反射,最终将其无情地投射在城市、郊区甚至农村的每个角落。无数星星被这片朦胧掩盖,只留下些许极明亮的恒星、寥寥数颗行星及月球还能为人类肉眼所见。不过,如果走远些,比如到亚利桑那或智利北部的群山山顶(这可都是天文学家工作的地方),那里的夜空会给你带来无比的震撼:无数星星缀满夜幕,仿佛黑色天鹅绒上洒落的精致珠宝,被银河这条明亮的丝带一分为二。人们将不费吹灰之力就认出只在书本上或者天文馆展出中见过的星座。当然,也许你不觉得北斗七星像是希腊人、罗马人所说的大熊,也不觉得猎户座的星星组成了猎人的模样,但星星们一定在你心中形成了某种图画。夜幕中的星星是如此明亮,数量是如此之多,你简直就像是站在了星星构成的高山巨树面前。纵观人类历史,在爱迪生(Edison)发明电灯之前,这样的图景是地球上每个人都能体验到的,即便是在尚未工业化的巴黎或纽约这样的大城市也是如此。

毋庸置疑,我们的祖先对星空心怀极大的敬畏。事实上,人类历史上的所有文明都将星空看作神性的展示,众神定然住在那里。因此,当伽利略(Galileo Galilei)提出对星空正统观点的质疑时,其受到天主教的迫害也就不足为奇了。伽利略告诉人们,通过望远镜观测发现,月球是一个渺小而荒凉的世界,其上遍布着凡间的陨石坑和陡峭的环形山,绝非一个超自然的完美球体。随着时间的推移,伽利略、开普勒(Johannes Kepler)及牛顿(Issac Newton)等人用物理的图像取代了星空的神性。然而,这些自然哲学家并没有消减人们对星空的敬畏之情,只是将其导入了另一个方向。与猎户座的传说同样令人感到神奇的是:恒星实际上是一大团气体,其体积千百万倍于地球,在数十亿年的时间里持续进行受控热核聚变;宇宙中不仅有数不清的恒星,还有黑洞、类星体、中子星、神秘的暗物质和更神秘的暗能量;而整个宇宙本身仅仅发源于140亿年*前的一场大爆炸。

如果没有望远镜的大发展,仅凭伽利略自制的那种望远镜的性能,上述的所有发现都是镜花水月。然而,和设备发展同样重要的是,天文学家们必须发现他们手中工具的新使用方法——全新的、揭示星空玄机的系统研究方法。要做到这一点,单纯的简单观测是不够的,天文学家们还必须对其观测结果的本质有更敏锐的直觉,并由此构建出有关宇宙组成和规律的理论。接着,他们回到望远镜前寻找进一步的观测证据,以求证他们的理论是否正确。最重要的是,天文学家们必须竭尽所能,尽可能多地取得他们所能找到的一切数据。举个例子,1995年,瑞士天文学家米歇尔·梅厄(Michel Mayor)发现了第一颗地外行星。这个发现在科学史上可谓石破天惊。然而,如果这个例子仅仅是一个孤例的话,它对解答人们所关心的这两个问题几乎毫无帮助:我们的银河系中有多少个像太阳系这样的天体系统?它们之中又有多少个拥有地球这样的行星?时至今日,已有200多个所谓的太阳系外行星系统被发现了,我们这才朝着问题的答案迈进了一大步。不过,为了彻底解答这些问题,天文学家们仍旧需要进行更多理论指导下的、辛苦的观测工作。

---

* 现在公认的更准确的数字是138亿年。——译者

现在，将从星空观测中得来的大量复杂、无序数据组织起来的能力，已经成为现代天文学的重中之重。然而，在18世纪中叶，启蒙运动的全盛时期，没有人知道如何才能做到这点。幸运的是，在这之后的数年时间里，一切都将改变。这都要归功于一位当时不知从哪儿冒出来的天文学家，威廉·赫歇尔(William Herschel)，而不是当时已经引领科学界的某位大家。赫歇尔并没有受过多少正规教育，他所拥有的是：几乎无限的好奇心和前进的动力。这些都来自他富有才能的家人，尤其是他在天文事业上的专业伙伴，妹妹卡罗琳(Caroline)。并且，一旦赫歇尔的好奇心衰退了，他只需抬头望向神秘、黑暗的夜空，就又能恢复如初了。

第二章

1781年春天的一个夜晚,威廉·赫歇尔向英格兰巴斯当地的文学与哲学学会递交了一份报告。早在一年半之前,赫歇尔就以特许成员的身份加入了这个学会。之后,赫歇尔以颇为高产的效率发表了大量科学论文,涉及内容广泛,从纯理论、哲学性的到实操的、具象的都有。例如,赫歇尔的第一篇报告主题是珊瑚藻的生长——珊瑚藻是一种在沿海珊瑚礁和岩石上聚集生长的藻类。之后他发表的论文包括《论宇宙的存在》(On the Existence of Space)、《英语作者为了写作明晰优雅是否有必要阅读古典作家的母语作品》(The Question, Whether a Knowledge of the Classic Authors in Their Own Languages, Is Essentially Necessary to One Who Would Write English with Elegance and Perspicuity, Considered)、《关于鲁珀特之泪的实验》(Experiments on Prince Rupert's Glass Drops)。

尽管赫歇尔兴趣颇广,但天空才是他的最爱。他的很多成果都和他那架自制的天文望远镜的观测结果有关,比如,他有三篇论文就是关于月球上的环形山。其他成果则涉及变星的周期性光变、月食期间的月掩现象。另外,赫歇尔还在望远镜高倍放大下发现,许多恒星看似“形单影只”,实际上却是双星系统。就连赫歇尔加入学会的邀请书也是因为某个夜晚,他在用望远镜观测时邂逅某位相关人士而取得的。

赫歇尔在1781年3月向该学会提交的论文是他的第31篇论文，也是最后一篇，是赫歇尔对其星空观测成果的又一报告。该论文标题是《某彗星观测报告》(Account of a Comet)。赫歇尔认为，尽管该发现颇有价值，但也还未到特别令人激动的程度。“3月13日，周二，”赫歇尔写道，“晚间10点到11点之间，我正在观测双子座η附近天区内的小星。突然，我发现其中的某个天体看上去明显大些。这个大小实在是太不同寻常了。于是，我将它和双子座η及御夫座与双子座之间的天区内的小星一一作了比较，结果发现，这个天体比所有的比较对象都大得多。因此，我怀疑这是一颗彗星。”

当时，人们对彗星已经有了足够深入的了解。彗星和行星一样绕着太阳运动，不过，彗星的轨道更加扁长。人们早先认为1456年、1531年、1607年和1682年出现的彗星是完全不同的四个天体。在18世纪初，哈雷(Edmond Halley)得出结论，这实际上是每76年回归一次的同一颗彗星。在哈雷精确预言了该彗星1758年的又一次回归后，该彗星便以其名命名，这就是“哈雷彗星”。发现新彗星同样也不是稀罕事：法国天文学家，与赫歇尔同时代的梅西叶(Charles Messier)就发现过数颗。赫歇尔的发现却有些不同，该天体不像典型彗星那样有彗尾，在望远镜中看起来也不是模糊的一团。不过，几天后，赫歇尔通过再次观测发现，它确实在天球上有着明显的运动，并且它的视圆面在高倍观测下也确实变大了。而恒星即使是在高倍观测下也还是呈星点状。对赫歇尔来说，这颗彗星确实值得注意，但也没有太过不同寻常。

从某种层面上来说，赫歇尔这次犯了个大错。赫歇尔发现这颗彗星之后，立刻将这个消息告诉了其他几位天文学家，其中包括他的朋友，牛津大学天文台台长霍恩斯比(Thomas Hornsby)博士和大不列颠皇家天文学家*马斯基林(Nevil Maskelyne)博士。通过他们，这个发现

---

* 大不列颠皇家天文学家，通常简称皇家天文学家，是英王查理二世在建立格林尼治天文台后设立的高级职位。1972年以前，皇家天文学家会同时兼任格林尼治天文台台长。1972年后，两职位分离，皇家天文学家成了一个名誉头衔。——译者

很快在整个欧洲天文圈流传开来。当这些经验老到的观测者将望远镜对准这个天体之后,他们中的绝大多数立刻注意到了该天体不同寻常的表现,并怀疑它根本不是彗星。尽管最初赫歇尔浑然不知,但他确实误打误撞地发现了一颗新行星,也就是我们今天所熟知的天王星。这个壮举在人类历史上是史无前例的。哪怕是在史前时代,原始人类也早已意识到水星、金星、火星、木星和土星的存在了。这几颗行星都肉眼可见,并且都很明显地有别于恒星:它们在夜空中不断“游荡”,随着季节的变换会跨越不同的星座、不同的天区。没有人胆敢声称发现了这五颗行星。如果一定要说有谁发现了它们的话,那就是从现代人类诞生以来,至少数以百万计的普通人,数以百万次地发现了它们。当然,我们还是可以认为有人类在赫歇尔之前发现了第六颗行星。那就是哥白尼(Nicolaus Copernicus)对地球的重新定义。他最终证明了我们所处的地球仅仅是另一颗行星而不是宇宙的中心。不过,哥白尼仅仅是作出了理智的区分,而赫歇尔却是实打实地发现了新行星。他的发现告诉人们,宇宙要比我们肉眼可见的世界大得多得多——哪怕是我们渺小的太阳系,也同样比我们亲眼所见的大得多。

无论怎么说,这颗行星与众不同。由于天王星十分昏暗,在望远镜诞生之前,它不可能被发现。只有通过望远镜,人们才能观察到天王星,而当时距望远镜投入使用还不到200年。也确实有其他观测者看到过这个天体,但他们中没有一个人注意到了天王星不同寻常的表现,于是也没有人对它进行反复观测。如果他们中有人这么做了,必然会注意到天王星的运动。而赫歇尔凭借着他的坚持,成为了首位在行星名单上添加新成员的人——这份名单先前还被认为是完整的、不会改变的。天王星的发现让赫歇尔一夜之间从一个默默无闻的普通人变成一位举世闻名的大人物。同时,这一发现也为他从乔治三世国王(King George Ⅲ)那儿赢得了一份终身津贴。赫歇尔也就此跻身少数几位仅靠其本职工作就可以养家糊口的天文学家之列。

赫歇尔毫不犹豫地接受了一切随之而来的荣誉,并且放弃了原来的正式工作。然而，他在私下里总是认为天王星的发现只是他所有成就中较小的一个——而如今的大多数教科书却只提这点。赫歇尔甚至认为发现天王星使得他在真正重要的工作中分了心。赫歇尔看重的那些工作如今已鲜有天文工作者知晓了，但一旦他们了解清楚了，便会异口同声地认同赫歇尔的观点。毫不夸张地说，现代天文学，或多或少，是由威廉·赫歇尔在18世纪的最后几十年里一手创造的。

在赫歇尔开展其观测的18世纪70年代，几乎整个天文界都在致力于记录、标注天体的位置和运动。一个原因是有关实际应用的：为了导航，尤其是当时的航海导航，人们必须精确了解恒星与行星之间的位置关系，以及它们和太阳、月亮之间的位置关系。为此，查理二世国王(King Charles Ⅱ)在1675年组织建立了格林尼治皇家天文台。没错，其当时的目的并非是为了天文发现，而是为了将星星运动绘制成图表，保证船长们在远航时能够及时掌握自己所在的经度。另一个研究天体运动的原因则是理论方面的了：为了检验开普勒行星运动三定律及牛顿万有引力定律。哈雷彗星的确认就是一个极为激动人心的验证。

然而，当时的赫歇尔是个门外汉。他既没有和天文学家们共事的经历，也不知道在这行里开展研究的常规方法。于是，他完全按照自己的雄心壮志——理解宇宙——去努力认清宇宙整体的结构和组成。赫歇尔想要测量恒星到地球的距离，了解夜空中有什么其他种类的天体，并研究它们之间可能的联系。此外，他意识到要想真正地了解宇宙，做出有意义的工作，就只有观测并逐个了解夜空中的每一个天体——哪怕做不到全部，也要做到他力所能及的每一个天体。因为赫歇尔是他那个时代最为痴迷也是最富技巧的星空观测者，他取得了极大的成功。比如，当时梅西叶发现了100多个星云(星云看上去是一团团模糊的光晕，当时其性质尚未被揭示)并将其整理成表，赫歇尔后来发现了2000多个。又比如，赫歇尔的同时代人，仅仅确认了少量彼此靠得很近的双星，而他却在之后发现了数百个之多。这一发现最终指引人们认识到，银河系中的大部分恒星实际上都属于聚星系统，而我们“独居”的太阳才是这个宇宙中的“怪客”。赫歇尔还指出了太阳及其行星在我们银河系中的运动方向；发现了红外辐射——现代天文学家依靠这个电磁波段的观测，研究可见宇宙边缘新生星系的性质。目前在建的韦布(James Webb)空间望远镜，被视作哈勃空间望远镜的继任者，它几乎所有的观测波段都落在了威廉·赫歇尔发现的红外电磁波段内。

上述种种都只是赫歇尔科学成就的一部分，考虑到他几乎完全是靠自己摸索，没有受过专业训练，其成就就愈发显得卓越不凡了。事实上，赫歇尔直到中年都不是一位天文学家，也不是自然哲学家，或是科学领域内其他的什么：他是一位音乐家。13岁时，赫歇尔找到了他的第一份工作——汉诺威近卫军的军乐手，跟随大部队奔赴法兰西参加三十年战争。当赫歇尔向巴斯文学与哲学学会提交其第一篇科学论文时，他是以作曲家、乐队指挥、双簧管演奏者、小提琴演奏者、风琴演奏者、声部独唱及音乐指导的身份为大家所熟知的。如今，我们仍旧可以通过CD欣赏到他创作的交响乐。而且，他的音乐还不错。诚然，他不是韩德尔(George Handel)那样的音乐大师——这对天文学来说实在是一件幸事——但他在音乐这行上已经足够成功了，以至于他放弃音乐成为国王聘任的天文学家时，他的收入少了一半。在音乐这行上，赫歇尔算是颇有天赋；但在天文这行，他称得上是不世出之天才。他不仅拥有足以重塑其研究领域的非凡创造力，还是一位极具技巧的望远镜建造者、一位一丝不苟的、不知疲倦的狂热星空观测者。剑桥大学科学史家、国际公认的最权威的威廉·赫歇尔生平研究专家霍斯金(Michael Hoskin)这样评价：“大多数杰出的天文学家或是精于观测，或是长于理论，或是擅长制造天文工具，抑或是精通这三者中的两个。而赫歇尔，精通所有。”

赫歇尔，一个出生于工人阶级的普通人，没有受过任何专业教育，究竟是怎么做到将天文学这个科学领域彻底改头换面的呢？尤其值得一提的是，他是人到中年才开始天文研究的。这就更令我们好奇了。赫歇尔虽然没有贵族血统，但他的成长过程是幸运的：这个与众不同的男人背后有一个与众不同的家庭。

第三章

无论是在学识方面还是社会地位方面,威廉·赫歇尔都完成了人生的飞跃。不过,他的父亲,艾萨克·赫歇尔(Issac Herschel),同样做到了这点。不同之处在于他父亲的起点要低得多,社会地位要卑微得多。威廉的高祖父,汉斯·赫歇尔(Hans Herschel),曾是小镇皮尔纳(距汉诺威公国的德累斯顿大约3千米)的酿酒师。他的祖父,亚伯拉罕·赫歇尔(Abraham Herschel)离开了酿酒、酒水交易这行,转而在选帝侯*位于德累斯顿的花园里学习园艺。(汉诺威当时是尚未统一的德意志诸邦国之一,选帝侯在汉诺威的地位等同于国王。)最终,亚伯拉罕成为了霍亨齐茨庄园中的观赏植物园的首席园艺师。然而,与大多数身处工人阶级的人不同的是,亚伯拉罕痴迷于数学、写作、绘画和音乐。“(我的父亲)尤其喜爱算术和写作,”艾萨克在家族史中这样写道,“而他也确实在这两方面有很高的造诣。”不过,由于亚伯拉罕的写作作品和数学方程没能流传下来,他的造诣究竟有多高也就不为人知了。

---

* 选帝侯是德国历史上的一种特殊现象,指那些拥有选举“神圣罗马帝国皇帝”权利的诸侯。此处指汉诺威选帝侯。——译者

这位文艺复兴时期的园艺师后来娶了一位制革工人的女儿，育有三男一女共四个孩子。其中的一个男孩，本杰明(Benjamin)，失足跌入一口井内不幸夭折；另一个男孩，欧西比乌斯(Eusebius)，像他父亲一样成了一位园艺师；唯一的女孩阿波罗尼亚(Apollonia)(也许，从某些孩子的名字上，比如欧西比乌斯和阿波罗尼亚，我们就可以看到亚伯拉罕对文学的喜爱了)"以一个相当浪漫的方式，嫁给了一位乡绅"。艾萨克出生于1707年，是亚伯拉罕最小的孩子。亚伯拉罕盼望着艾萨克能像他的哥哥欧西比乌斯一样，成为一位职业园艺师。不幸的是，亚伯拉罕的离世终止了艾萨克的园艺师前途。当时，艾萨克只有11岁，还没到成为一位正式学徒的年龄。另外，当艾萨克满足年龄条件之后，他寡居的母亲由于太过贫穷，无力为他支付学徒费用。不过，最后艾萨克还是习得了足够的手艺。于是，他的哥哥欧西比乌斯为他谋了一份工作，在附近的小镇采尔布斯特照料一位老寡妇的花园。

艾萨克不是很喜欢这份工作。尽管在18世纪初的汉诺威，社会阶级的提升并非易事，但艾萨克身上有几种可贵的品质，并将其在家族中传递了下去。这份基因遗产似乎有三种主要品质：一是给予了赫歇尔一家极其强烈的想要改善自己生活处境的欲望；二是赋予了他们为实现这一理想，不断思考如何提高自己知识水平的求知欲；最后是赋予了赫歇尔一家近乎天才的音乐天赋。"当我还在霍亨齐茨的时候，"艾萨克后来写道，"我曾设法弄到了一把小提琴，并且仅靠耳朵听就学会了演奏。"对那些从未演奏过小提琴的人来说，艾萨克这句随口说说的话可能激不起丝毫波澜。但对那些尝试演奏过的人来说，这句话是令人无比震惊的。仅仅是想学会用小提琴弹奏出一个音符——甚至仅仅是一个别人堪堪可以忍受的不好听的音符，也不是轻而易举就能做到的。成千上万年轻小提琴演奏者的父母们绝对了解其中的艰难。要想持续不断地用小提琴演奏出音符，从而形成曲调，就必须使左手的指法和右手的琴弓完美协调(例如，不像吉他，吉他上有品格，只需按在相应的品格上，就能傻瓜式地发出好听的曲调，而小提琴的演奏完全依赖演奏者精准的指法)——即便是有专人教授,这些技巧也需要成年累月的练习才能够熟练掌握。而艾萨克不到10岁就"仅靠耳朵听就学会了演奏"。

后来,艾萨克还是学习了正规音乐课程。在他接下采尔布斯特的园艺工作之后,宫廷乐队的一位双簧管手开始一对一地教他。"当时我买了一支双簧管,"艾萨克如此写道,"……只要我一得空,就夜以继日地练习吹奏,因为我当时的愿望就是成为一位双簧管手。我渐渐丧失了对园艺的全部兴趣……当时我已经过了21岁生日,并且觉得已经学到许多,足以成为一位双簧管演奏者了。"这个成就也许比他学会小提琴更加不同寻常:小提琴琴弓的物理性质十分稳定,每次演奏时都不会发生大变化。而双簧管则大不相同,其簧片——通常是以芦苇的茎部为材料,经过不断的精细切削、雕刻直至其形状能完美振动发声——出了名地难以控制。簧片随时可能出问题,哪怕在演奏过程中也是一样。所以,通常,双簧管手身边始终携带两三片簧片,以备不时之需。打磨一片双簧管簧片实在是一个令人发疯的过程(然而,绝大多数双簧管手为了让簧片的发声能让自己满意,通常都会亲自打磨簧片),所以,管弦乐队里流传着这样一句话:双簧管手总是看起来怪怪的。这一点儿也没有夸张。

艾萨克先去了柏林,他听说那儿正在招募双簧管手,结果发现那个职位"糟透了且十分卑贱"。于是,艾萨克又去了波茨坦。在那儿,他又学习了一些课程,并且从哥哥姐姐那儿获得经济支持。他的哥哥,欧西比乌斯,当时已经从一位园艺师变成一位农场主了。他很希望艾萨克能够"在他的指导下学习耕作",帮帮他的忙。艾萨克最后屈服了,不过,很明显,农场生活不适合他。不久之后,艾萨克就启程前往小镇不伦瑞克,那里也有一个双簧管手席位。不过,艾萨克又一次放弃了这个机会,理由是"对我来说,这太普鲁士了"。至此,我们了解了艾萨克即将传承下去的另一项品质:他和他的后代目标极其明确,绝不会退而求其次,哪怕眼前没有别的选择也不愿迁就。最后,在1731年6月,艾萨克在汉诺威成为了近卫步兵团军乐队的双簧管手,并就此定居下来。一年后,他娶了安娜·伊尔莎·莫里岑(Anna Ilse Moritzen)。随后不久,他们的第一个孩子索菲娅(Sophia)出生了。

艾萨克和安娜共生育了10个孩子,其中4个尚未成年就夭折了,6个活了下来。威廉·赫歇尔出生于1738年,出生时的洗礼名为弗里德里希·威廉(Friedrich Wilhelm),是第三个孩子。除了姐姐索菲娅之外,他还有一个哥哥,雅各布(Jacob);两个弟弟,亚历山大(Alexander)和迪特里希(Dietrich);一个妹妹,卡罗琳(Caroline)。艾萨克就这样在军乐团的事业中安顿了下来,舒适、稳定的家庭生活也让他没有再更进一步,而他也确实到达了他职业音乐人的事业顶峰。这不是说艾萨克的雄心壮志消磨殆尽了,它只是转移到了孩子们身上。他对两个女儿的期待丝毫不亚于四个儿子。不过,他的妻子安娜没有受过教育,也不同意她的女儿们接受教育。她觉得女儿们的养育就该由她来负责。安娜允许女儿们学习基本的读写,但除此之外,她只允许她们学习对家庭事务有用的技能,比如编织、制麻、洗衣之类。艾萨克想尽办法教小卡罗琳学习小提琴,但是他只能在安娜批准的情况下这么做,而这种许可并不经常发生。

男孩们打一开始就学习音乐了。多年后,卡罗琳这样写道,“如父亲所愿,他的儿子们看上去天生热爱音乐,并且颇具天赋,这可把他高兴坏了。于是,在哥哥弟弟们刚能握住一把小型小提琴时,父亲就立刻开始指导他们了”。威廉也时常回忆起四岁的时候站在家里的一张小桌上,用一把父亲自制的微型小提琴独奏。艾萨克是一位极其出色的老师,在当时享有盛名,他的教育理念极富前瞻性,与今天铃木镇一(Shinichi Suzuki)的早教观念如出一辙——如今,铃木镇一的小提琴指导方法每年都催生了成千上万的小提琴青年才俊。此外,艾萨克还教授男孩们演奏双簧管。就像亚伯拉罕·赫歇尔一样,艾萨克的求知欲也远不止音乐。他延请了当地守备军学校的老师给予他的儿子们额外的数学和法语指导。

除此之外，艾萨克还经常和儿子们一起进行各式智力对话。卡罗琳写道，每当她的父亲和哥哥们出席演出的时候，她“总是不睡觉等着他们回家，因为我也许能听到父亲和哥哥们对作曲家和演奏者各式各样的火花四射的评论或批评……不过，通常他们的对话总能延伸到各类学科上。每当威廉和父亲就这类话题讨论得热火朝天时——此时，莱布尼兹（Leibnitz）、牛顿和欧拉（Euler）的名字往往会被大声说出——母亲总会适时出现打断他们的谈话，因为他们的音量太大了，影响了弟弟们的睡眠，他们第二天早上 7 点前可还要到学校上课呢。不过谈话是否结束似乎完全取决于哥哥们的想法；他们往往会退回自己的房间，挤在一张床上继续讨论。每当这时，威廉总好像还有许多话要说”。

在卡罗琳的记忆里，父亲艾萨克对天文特别痴迷。她写道，“父亲掌握了一些天文知识。我还记得某个无云的寒冷夜晚，父亲把我带到大街上。我们一起注视着一颗当时还能用肉眼看见的彗星，然后他又教我熟悉了几个美丽的星座。我还清晰地记得我父亲常常兴高采烈地帮助我哥哥威廉进行研究的场景。有一次，他们在一起摆弄一架精巧的地球仪，上面的赤道和黄道是威廉自己刻上去的。”

对赫歇尔一家来说，有些不幸的是，军乐队领队的生活有点像今天国民警卫队士兵的生活。只要国家处于和平状态，艾萨克的工作义务是很小的，他可以把大把时间花在陪伴家庭上，甚至可以在外兼职，给别人上上音乐课赚点外快。但在 1740 年，刚即位的普鲁士国王，腓特烈大帝（Frederick the Great），决定夺取奥地利的西里西亚省，于是展开了一系列影响到欧洲许多地区的战争，而赫歇尔家也被卷入其中。法国决定站在他们的盟友奥地利这边；英格兰则决定和普鲁士站在同一战线上。因为当时汉诺威和英格兰以一种所谓共主邦联的形式联系在一起（也就是说，英格兰国王同时也是汉诺威的选帝侯），所以艾萨克也必须带着他的军乐队一起出发，奔赴战场。虽然音乐家们不用背负沉重的装备，但他们不得不与军队一起行军、扎营。代廷根之战后的那个夜晚，艾萨克只能睡在一条浸满了水的壕沟之中。这严重影响了他的健康，以至于他的身体状况坏到了足以申请提前退休。但是军队向他保证一定会平安撤回汉诺威，同时许诺会在军乐队中留两个位子给他的儿子，雅各布和威廉，他这才被劝回军队。这些胡萝卜背后是一根大棒，一个残酷的现实：在军队之外，可供音乐家们选择的工作实在是凤毛麟角。

和平是短暂的。英格兰，当然还有汉诺威，理论上仍旧和法国处于交战状态。1756 年的春天，赫歇尔家的三个男人随同近卫团余部跨越英吉利海峡，协同防御英格兰本土，以防近 700 年前发生的"诺曼征服"重演。当时，威廉 18 岁，加入军乐队已有 4 个年头。

当然，英格兰最后没有被入侵。求知欲旺盛的威廉丝毫没有被战争带来的不便所困扰，正如他后来自述的那样，当时他"开始学习英语，很快就能阅读洛克(John Locke)的《人类理解论》了"。他的话轻描淡写，就好像对威廉来说，学习一种全新的语言并达到能够阅读该语言论文的程度是一件顺理成章、稀松平常的事情——可实际上，直到今天这篇论文仍然让无数本科生头痛不已。于是，我们不难发现，威廉从他父亲那儿继承了许多天赋。

到年底的时候，所有的汉诺威人都从英格兰撤离回家了。雅各布离开得稍早些，他想离开步兵团，去应聘汉诺威宫廷管弦乐队的一个空缺。国王管弦乐队的成员可算得上当时社会的显赫名流了，能和这些人一起演奏是艾萨克的梦想。而雅各布，艾萨克最富音乐才能的儿子，显然足以胜任这个职位。然而，雅各布刚把离开军队的手续办完，就发现该职位已经找到人选了。

于是，雅各布只能以失业的状态回到汉诺威，转而进行作曲。而艾萨克和威廉刚到家就再次随军队开拔了。而且这次他们真的要面对严阵以待的法国军队了。威廉这样描述随后发生的战斗，"十分恼人……我们时常在度过疲惫不堪的一天后，还不得不在耕种过的田地里扎营。田地的沟垄里面都是水"。最后，7 月 26 日，汉诺威军团在哈森贝克战役中被法军击败。据霍斯金所说，威廉后来用下面这个故事向儿子吹牛：当时，我就在军事掩体后面踱步，潜心研究修辞学，即便步枪子弹在我身边呼啸而过，我都面不改色地朗诵各式演讲名篇。这个故事，连一向对赫歇尔家赞赏有加的霍斯金也毫不买账。且不论当时威廉是否果真如此洒脱随意，战后父亲给他的一条忠告确实引起了他的重视：离开这里。

威廉后来真的离开了汉诺威。当时，惊慌失措的汉诺威市民们为了抵抗法国占领者，忙着组建一支民兵部队。母亲安娜担心威廉会被抓壮丁，催促他赶紧离开。无论从哪方面讲，留在汉诺威都不是一个明智的选择：威廉可能会面临逃兵的指控，因为他当时擅自离开了汉诺威军团，没有办任何手续。艾萨克则认为他的儿子是安全的，因为威廉从来没有正式宣誓加入步兵团。不过，已经没有必要去验证这个想法了：一座战败国的被占城市显然不是胸怀大志的青年音乐家发展事业的理想之地。于是，威廉决定，干脆彻底离开德国，返回英格兰。雅各布也在躲开 16 名借宿在家中的法军士兵后，决定离开德国，并与弟弟一道来到汉堡。他们在那儿开始了为期两周的航程。他们将跨越北海，渡过英吉利海峡，去到英格兰——当时，威廉很可能没有想到，他将在这个国家度过他的余生。

第四章

如果说汉诺威因为战争的缘故对赫歇尔兄弟不甚友好的话，伦敦则恰恰相反。这地方简直无可挑剔，威廉这样评价：“到处都是音乐家！”他决定不仅要成为一位演奏家，还要成为一位作曲家——哪怕这座城市中还住着大作曲家韩德尔。而雅各布，一位更加出色的乐器演奏者，当时正在与世界上最为出色的音乐家们竞争。即便如此，他仍然颇为自负，绝不接受任何低于首席小提琴手的职位。结果，兄弟两人都没找到多少活干。雅各布偶尔教教学生，但正是威廉——此时威廉已经开始使用他英国化的名字 William，虽然他正式改名要到 1793 年——支撑起兄弟俩的生活，他担任了乐谱抄写员一职，为一位出版商手抄各类手稿。他的第一个任务是抄写一份歌剧剧本，结果抄得又快又准。于是，他的雇主便尽可能多地把这样的苦力活交给他去完成。这是一件幸运的事，因为雅各布当时不仅拒绝所有他认为配不上他的工作，而且据卡罗琳所说，“不可救药地只愿接受那些舒适、体面、能提供锦衣玉食的活儿”。不过，威廉决定要让雅各布继续开心下去。他觉得照料家庭是他的责任，这辈子都是如此。

毫无疑问，当雅各布再次获得几年前与之失之交臂的机会时，威廉如释重负。法军撤出了汉诺威，宫廷管弦乐队也有了一个新空缺。雅各布乘船返回德国,并且这一次得到了这份工作。艾萨克·赫歇尔的儿子终于登上了汉诺威音乐圈的金字塔顶端,这意味着他在该时期也几乎达到了社会的顶端。不过,威廉决定原地不动,留在英格兰——可没有那么好的工作在汉诺威等待着他,威廉在那儿能找到的最好的工作就是步兵团的老差事。即便当时战争已经结束了,回到汉诺威也会是一种倒退。尽管威廉当时的事业前景并不乐观,他的雄心壮志却强过以往任何时候。威廉意识到在伦敦他难以出头,于是决定:一旦找到伦敦之外的、他满意的好工作就立刻接受。

这份工作在雅各布离开一年后出现了。1760 年,威廉作为一位颇具才能但处境挣扎的青年音乐家的名声传到了达林顿伯爵(the Earl of Darlington)耳中。这位伯爵聘用威廉去管理他麾下驻扎在达勒姆(距离苏格兰边境不远)的一支当地民兵部队的军乐团。(尽管威廉在汉诺威近卫步兵团的经历并不开心,但那段经历很有可能是他能得到这个职位的重要原因。)这份工作并不繁重:威廉一到那儿就发现"我们的乐队只有两位双簧管手和两位圆号手。鉴于两位圆号手都是相当出色的演奏者,我作了几首军乐来展现他们的才能"。这份工作的清闲使得威廉有时间外出授课、演出、作非军乐的曲子,其中包括 7 部短交响乐。

尽管威廉为见他的主顾需要长途跋涉——在英格兰北部沼泽恶名远扬的天气折磨下,他有时一天就要走上 80 千米——他仍旧找到时间来满足他越来越不知疲倦的大脑中的非音乐部分。"在我的英语水平得到大幅改善之后,"他写道,"很快我又开始学习意大利语……接着是拉丁语,并且在这种语言上取得了很大进步。随后,我又尝试了一下希腊语。"由于意大利语是歌剧的专用语种,拉丁语是宗教音乐的专用语种,这两种语言对他的音乐事业十分重要。但学习希腊语,纯粹就是威廉智力过剩的一种释放了。不过很快,威廉就发现了一件更吸引他的事物。在抵达英格兰后不久,威廉就得到了一本书,剑桥大学史密斯(Robert Smith)博士的《和声学》(*Harmonics*)。这是一本讨论数学,而不是音乐的书。不过,正如书名暗示的那样,两者是紧密联系的。* 音乐中的和声在性质上是数学的:大调音阶音符和小调音阶音符以满足简单算术比率的振动频率一个接一个地连接在一起。这是一本大部分音乐家不会去攻读的书,但是威廉的父亲已经在数学和科学方面为他作了启蒙,而威廉本人在德国时就已经阅读过几本数学方面的书。尽管如此,威廉在一封信中写道,在研读这本史密斯著作的过程中,"我发现自己是多么的无知,只能通过咨询其他作者获得帮助。通过这种方式,我被数学的一个又一个分支深深吸引。"

威廉的合同是一个月一签的,这样,一旦有更好的工作出现,他可以随时退出达林顿伯爵的军乐团。1761 年,威廉听说爱丁堡音乐会经理准备退休了。于是,他辞去了军乐团的工作,一路北上,希望能接任这份工作。不过到了那儿他才知道,那位经理改了主意,暂时不退休了。接下来的几个月里,威廉在英格兰北部四处奔波,给别人上上课、作作曲维持生计,生活压抑沉闷又孤寂。他甚至想过彻底放弃英格兰的生活,回到汉诺威争取加入雅各布所在的宫廷管弦乐团。这么做意味着放弃可观的收入,同时情况还有点复杂:毕竟威廉还没获得离开步兵团的正式批准。"我可以肯定,去年我在英格兰挣的至少是你的三倍。"威廉在给哥哥的信中这样写道,"但我得告诉你,这种四处漂泊的生活让我感到了深深的不安……我度过了无数个不眠之夜;也没什么不好意思的,我得承认,失望和随之而来的多愁善感让我发出了无数叹息,流下了无数眼泪。"

写下这段文字后不到一个月,也就是 1762 年的冬天,威廉知晓了另一个空缺:英格兰北部城市利兹的音乐会总监。威廉成功得到了这一职位,并在接下去的大约四年时间里,组织了大量音乐活动。在这些活动中,威廉常常出任乐队指挥或是独奏者。同时,他也仍旧兼职做音乐教师和作曲。"这儿的机会对我来说太棒了,"威廉刚到利兹,就给

---

* 该书书名 harmonics 既可指音乐上的和声、和弦,也可指数学上的调和函数。——译者

家里写了封信,信中这样写道,"成为一位出色的作曲家一直是我的最高理想。"

鉴于在我们今天的音乐会曲目单上完全找不到威廉·赫歇尔的名字,很明显,他的作曲家之梦最终破灭了。确实有几支管弦乐队记录了他的作品,不过这不是因为这些作品在音乐史上有多么重大的意义,更多的是因为它们能让人感到新奇。正如约翰逊(Samuel Johnson)博士所说,"先生,女人布道就像狗站起来走路一样。她们做得不够好,但这件事本身就足够让你觉得惊喜了。"威廉后来持续出彩的工作是指挥和演奏——通常是演奏小提琴和双簧管,有时是大键琴。也正是在这一时期,他终于取得了离开步兵团的正式批准,并且在1764年得以毫无顾忌地回到汉诺威探望家人。当时,他的父亲因为中风,身体状况每况愈下。

威廉这次回家的时间不长,更令她的妹妹卡罗琳沮丧的是,这段时间她都在母亲的密切关注下,忙于准备她即将到来的坚信礼*,没时间和威廉多相处一会儿。卡罗琳很喜欢她的这位哥哥,也许是因为威廉也特别喜欢她,并且比其他兄弟姐妹更关心她——特别是相比傲慢自大、满脑子只有自己的哥哥雅各布。卡罗琳在自传中写过这么一件事:当威廉和艾萨克结束了在英格兰的战斗启程回家时,她前去迎接他们,却错过了。最终,"我又冷又累",就不再继续等了,"当我回到家的时候,发现他们都在桌边坐着呢;然而,没有一个人跟我打招呼,只有威廉哥哥一看到我就跑过来,弯下腰亲近我。这让我的委屈一扫而空"。这次当威廉准备返回英格兰的时候,卡罗琳都没能跟他道别:威廉离开的马车路过教堂时,她正在里面参加她的第一次圣餐仪式。

回到英格兰后,威廉开始追寻更大的挑战。"很遗憾,"他在给雅各布的信中提到一点,"科学并不比音乐简单多少。"一有空闲,威廉就持续不断地进行阅读。"这段时间,"他在他的《备忘录》

* 一种基督教仪式,孩童需要在13岁时受坚信礼,之后他就算是正式教徒了。——译者

(*Memorandums*)中写道,“我出席了许多利兹附近,如哈利法克斯、庞蒂弗拉克特、唐克斯特等地的音乐聚会。在马背上花了大量时间。”1766年,威廉在小城哈利法克斯安顿下来。在那里,他写道,“我的闲暇时间都用来阅读数学书籍了……这事恰巧被一位名叫贝茨(Bates)的先生注意到了,他告诉他哥哥,‘赫歇尔先生在看流数法呢!’”流数法是牛顿提出的一个名词,也就是人们现在所熟知的微分。与此同时,赫歇尔的注意力也开始转向天空。“2 月 19 日,”赫歇尔的《备忘录》中有一条完整的条目这样记录,“在惠特利观测金星。”此外,那周赫歇尔还记录了一次月食。

与此同时,赫歇尔花了大量工作时间寻求一个更好的音乐人职位。哈利法克斯教堂托人制造了一把全新的管风琴,而管风琴手的席位将通过公开招聘竞争上岗。虽然赫歇尔很熟悉大键琴,但对管风琴,他几乎一无所知。两者还是有相当大的区别的。此时,赫歇尔家族创造性的解决问题的能力帮了他大忙。当时,英格兰的管风琴是没有脚踏键盘的,而当时的欧洲大陆风琴手(以及所有的现代风琴手)却可以利用脚踏键盘演奏出额外的低音音符。脚踏键盘是管风琴能演奏出如此丰富震撼的音乐的一大原因:钢琴手一次最多能同时演奏出 10 个音符,管风琴手可以演奏出 12 个。候选者们抽签决定演奏的顺序,威廉是第三个,1766 年 8 月 30 日进行他的表演。根据当时的某个记录,来自曼彻斯特的一位温赖特(Wainwright)先生在威廉之前进行了演奏。他的弹奏速度极快,表现绝佳,许多人因此询问赫歇尔能否比得上这样的绝妙表现。“我不知道,”他回答,“但我肯定我的手指会告诉你们答案。”尽管赫歇尔的速度要慢一些,但他也弹奏出了极为有力的音乐,听众们都带着敬畏之情端坐着聆听。看上去,这一切都不可能发生,而且也确实不可能发生——如果赫歇尔没在他的口袋里藏了一对铅制砝码的话。威廉用这两个砝码压下了额外几个琴键,制造出一种持续不断的低沉的背景声,就像一套风笛发出的声音那样。这个背景声很好地起到了为他的主旋律及和弦伴奏的效果。

赫歇尔最终如愿得到了这份工作。不过紧接着他又收到了另一份邀请，英格兰西南部城市巴斯新建了一座八角教堂，邀请他担任风琴手。很难想象赫歇尔会拒绝这份邀请。在当时的英格兰，巴斯是仅次于伦敦的第二大热门城市。巴斯西南侧大约50千米处是门迪普丘陵，雨水在那里被吸收、囤积，并通过地下岩层被地热充分加热，而巴斯当地的地质状况则大量吸引了这些水资源。大约经过了8000—10 000年，埃文河一处急弯的沼泽区里冒出了至少三处沸腾的温泉，其成分就是上述那些水。这些泉水（这座城市即由此得名）至晚在新石器时代就已经被人类发现使用了。同时，这些泉水也几乎肯定对石器时代的人类有着重要的宗教意义。在神话传说中，是布拉达德国王（King Bladud）建立了巴斯城。他一度因为身患麻风病被流放至此地当一个牧羊人，但神奇的巴斯泉水使他痊愈了，并最终得以夺回王座。在历史上，是罗马人在巴斯建立了第一个重要的定居点。他们在公元1世纪到达此地，在泉水顶上建造了一座巨大的公共浴室。同时罗马人又在浴室周围建造了一个建筑群，其中包括苏丽丝·密涅瓦（Sulis Minerva）女神神庙，她是凯尔特人和罗马人信奉的神明的结合体。为了表达对女神的崇敬，这个定居点就被命名为Aquae Sulis（意为苏丽丝女神恩赐的圣水）。

罗马人离开后，当地的浴室就被废弃了。在中世纪，这座城市以那座相对较小但十分华丽的教堂——巴斯大教堂闻名。此外，巴斯还是当时羊毛工业的中心。（除了温泉之外，巴斯的地质条件还使当地盛产一种具有清洗作用的泥土——一种可以将羊毛中的油脂成分剥离的黏土。）18世纪初，埃文河经过疏浚，可以允许更多驳船通行，之后巴斯迎来了一段经济繁荣期。也就是在那个时期，一位名叫约翰·伍德（John Wood）的极富想象力的建筑师来到巴斯，开始建造大量宏伟的新古典主义建筑。这些建筑使这座城市获得了新生。在约翰·伍德去世后，他的儿子小约翰·伍德继承了他的衣钵。于是，到了18世纪中叶，巴斯成功地从一座肮脏的工业小镇转型为一座典雅之城。如今，小城巴斯被联合国教科文组织列为世界文化遗产。

大约在这一时期，这座城市的典礼官之职落在了一位名叫约翰·“博”·纳什(John “Beau” Nash)的好色赌徒手里。这一职位虽然并非官方正式任命，却拥有相当大的实权。在《巴斯志》(*A History of Bath*)中，戴维斯(Graham Davis)和邦索尔(Penny Bonsall)记载了这位纳什先生如何巧妙地引诱伦敦上层社会人士在“季中”(指9月至次年5月)来到巴斯。他们在这儿泡温泉、赌博、参加各类音乐活动，聚会地点多在那些豪华会所，比如下厅和上厅(Lower and Upper Assembly Rooms)。戴维斯和邦索尔这样描述，这些会所“内部有棋牌室、茶室、舞厅——舞会一周二次……舞会是傍晚时分开始的正式活动，接着就是茶歇和乡村舞蹈……纳什严格规定，舞会必须在晚间11点前结束。此外，这里每周都会举办一次戏剧表演或是音乐会，供人消遣。白天，人们或在怡人的花园中流连，或在典雅的街道上漫步，或逛街购物，或钻到图书馆、咖啡店里信手翻看些杂志、书籍，时间就这样慢慢流逝。”简·奥斯汀(Jane Austen)也曾在巴斯生活过一段时间，不过据说她本人并不喜欢这个地方。

纳什鼓励社会各阶层的人士一起参加各类社交活动，反对阶级壁垒。巴斯的游客们也确实有意沿着他的指导思想前行，但是行而未远。那些最富裕的游客们为了在祷告礼拜过程中也享受到属于自己的阶级特权，出资在巴斯修建自己的私人教堂，而不屑于和其他社会地位较低的游客们一起参加公共教堂的礼拜。八角教堂就是这儿的第一所私人教堂，从米尔索姆大街上的泵房出发，沿山坡往上走约莫400米就能抵达。八角教堂也是当年奥斯汀做礼拜的地方。这座教堂如今隐匿在街边一长排店铺门面中，在一扇毫不起眼的门上简简单单地写着“八角教堂”。教堂的内部在2007年年中时，由巴斯文化遗址保护信托基金会出资修缮，之后就常年作为贮存仓库使用。

对威廉·赫歇尔来说，这份邀请是一次与这个国家最具天赋的音乐人相识并同台演出的好机会，也是结识社会精英的良机。于是，赫歇尔又一次在新环境中全身心地投入了音乐事业。除了自己演奏风琴之外,他还组织了一支唱诗班,录用的成员包括当地的木匠和其他工人,而他们之前从未参与过演唱。同时,赫歇尔还加入了小镇的管弦乐队,并恢复了兼职,教授私人课程——他每周教授的学生最终多达 40 人。到了夏天,也就是度假季后,赫歇尔会频繁地外出去各地演出及教学。

艾萨克·赫歇尔在中风三年后,因并发症逝世。在此之前,威廉一直往家里寄钱,帮助负担父亲的医疗费用;在艾萨克离世后,赫歇尔仍旧承担起了照顾整个家庭的责任。他陆陆续续地把各个兄弟姐妹接到英格兰长期作客。雅各布是第一个。他在 1767 年秋天请假离开汉诺威宫廷乐队来到巴斯,在八角教堂正式集会活动中的宗教剧中演出。当时,雅各布演奏风琴,而威廉则以首席小提琴手的身份领导整个管弦乐队。在演出之后,雅各布又待了很长一段时间,直到 1769 年 7 月才启程返回汉诺威。

第二个来到英格兰的是威廉年纪最小的弟弟,比他小 16 岁的迪特里希。老艾萨克在逝世前,曾叮嘱雅各布要时刻关心迪特里希的音乐教育,并让雅各布作出承诺。然而,遗憾的是,雅各布显然不擅长照料任何人或物——如果这事对他没有直接好处的话。雅各布的挥霍无度已经形成了对整个家庭的长期负担。"当时我还太小,"卡罗琳后来回忆,"没办法积极地为家人们分忧,但我看到家人们都闷闷不乐。而我的父亲在面对我的长兄时,时常露出冷漠与不悦的表情。我的长兄雅各布(我最好还是在这里提一下)除了参加家庭晚餐之外,几乎从不与我们交流;他的早餐与午餐都是开小灶并单独拿给他的。此外,除了三餐和穿衣打扮,雅各布甚少待在家中。"

无论雅各布是否认真对待了他对父亲的承诺,当时身在英格兰的他确实无法在千里之外对迪特里希进行音乐教育,哪怕仅仅是装装样子。于是,他提出将迪特里希送到巴斯。但迪特里希仅和两位哥哥生活了一年就被召回了:母亲安娜听说威廉和雅各布只关心迪特里希的音乐教育,忽视了宗教信仰方面的指导。她对此又惊又急,就让迪特里希返回了汉诺威。不过,几年后,迪特里希还是获准再次前往英格兰和威廉多待些日子。这段日子对威廉的个人教育来说也是至关重要的:迪特里希成了一个狂热的业余昆虫学家,并成功地勾起了威廉对收集蝴蝶标本的兴趣。当时,昆虫学是博物学的一个分支,是一门致力于对某一事物的无数种类进行分类的科学,其分类对象包括树、鸟类、蝴蝶等。昆虫学与威廉更为钟情的天文学截然不同:天文学在当时是数学的一个分支。"(在天文学中)人们研究的物体是可识别的、明确的,"霍斯金这样解释,"比如行星金星、哈雷彗星等,它们都有自己的名字,特征也很有限,我们要么观察它们的物理性质,要么以数学方法计算它们的运动。总之,天文学与博物学毫无关系。"然而,不论是有意还是无意,威廉从昆虫学中得出了这样的想法:收集和分类是理解独立个体之间相互关系的重要工具——另外,推而广之,收集和分类也是解释世界运作原理的重要手段。

威廉还需要数年的时间才能对这一想法产生更深入的思考、更深刻的理解。在此期间,他仍旧持续不断地把兄弟姐妹们接到英格兰来照料。在迪特里希之后来到巴斯的是亚历山大。亚历山大和雅各布一样,是一位极有天赋的音乐家、大提琴演奏家。他也为宫廷管弦乐队工作并外出私人授课。雅各布不在家的那段时间,亚历山大充当了迪特里希的音乐导师。在迪特里希也前去英格兰后,亚历山大很明显拥有了许多空闲时间,但并没用来干正经事。"我很失望,觉得整个人都要散架了,"一向善于观察的卡罗琳写道,"我经常看到亚历山大和一群年轻人一起声色犬马,就此走上奢靡之路,以致他背负了许多债务。这些债务多是由雇佣车马之类的骄奢淫逸产生的。亚历山大十分害怕他的这些劣迹被母亲知道,而我也是如此。"解决办法当然有,那就是:前往巴斯。亚历山大人生接下来的40年都将在这座城市中度过了。

最后一个前往英格兰和威廉相聚的是卡罗琳,她在1772年来到了巴斯。当时的威廉不可能知道,卡罗琳的到来将给他的生活和事业带来巨大的影响。而对卡罗琳来说,这次重聚显然远不止是一次上帝的祝福:雅各布在1769年最终返回汉诺威之后,他和安娜两人让卡罗琳的生活变得苦不堪言。

从卡罗琳后来取得的成就及留下的作品来看,她和赫歇尔家的其他人一样,十分聪慧,极具天赋。然而,作为一个相对贫困家庭中的女人,她从来不指望能够展现这些才能。除了结婚生子之外,卡罗琳似乎别无指望。然而,就是结婚这件事似乎也遥不可及:卡罗琳很矮,将将5英尺(约1.52米)高,年幼时的一场天花在她的脸上留下了许多难看的疤痕。"我从未忘记父亲给我的忠告,"她写道,"我既不漂亮也不富有,这些都对结婚不利,所以很可能没人能给我婚姻的承诺。唯一的可能是,随着年华逝去,一些年老的绅士可能会欣赏我身上的可贵品质,进而娶我为妻。"

对卡罗琳来说,另一条不错的出路是为富裕的汉诺威家庭担任私人女教师,这就要求她熟练掌握各种语言。然而,母亲安娜坚决反对家里的女孩接受任何非宗教教育。此外,放卡罗琳外出工作,也与安娜留卡罗琳在家干各种家务活的计划严重冲突。终于有一次,卡罗琳成功地说服了母亲和雅各布(在老艾萨克逝世后,雅各布成了家里的当家人)同意她学习些裁缝活儿,但有一个条件:卡罗琳学成之后,只能为家里制作衣物。

威廉听说他最喜爱的妹妹在家中遭受了这样的虐待之后,简直怒不可遏,并立即想出了一个办法帮妹妹脱离苦海。尽管威廉和卡罗琳已经几年没有直接联系了,他还是从亚历山大那儿了解到:虽然没有经过训练,但卡罗琳有一副天生的好嗓子。他俩立刻就想到可以教授卡罗琳演唱,让她成为一位职业歌唱家。为了说服雅各布和母亲同意他们的计划,他们提出先将卡罗琳接到巴斯,进行一个为期两年的基础训练。如果两年后训练没有什么成效的话,就让卡罗琳返回家中。毫无疑问,卡罗琳听到这个计划后兴奋不已,而雅各布和安娜却犹豫了:一方面,他们需要卡罗琳留在家中辛苦劳作,操持家务;另一方面,他们也不想惹怒威廉,毕竟他是家里的主要经济来源。卡罗琳后来这样回忆当时的困境："起初，似乎大家都同意这个计划。但当我准备安心地接受这个能够彻底扭转不利处境的改变时，雅各布又开始对整个计划加以讽刺挖苦……我的去留问题就这样悬而未决，我对此感到撕心裂肺的不安！！！"

威廉要求雅各布在卡罗琳启程前往英格兰前教授她一些基础课程。雅各布应承了下来，却从来没有照做过。于是，卡罗琳凭借着赫歇尔家特有的决心与毅力开始自学。"我自学的第一步就是抓住每一个所有人都不在家的机会，模仿小提琴演奏的协奏曲《摇摆及其他》(*shake and all*)中的独奏部分发出的声音[此处卡罗琳练习的很可能是现在所说的'颤音']。此外，在练习时，我还会用牙齿咬住一些东西[这是为了提高练习的难度]。最后，我总算是在正式了解歌唱之前，取到了一个还过得去的效果。"此外，在这段时间中，卡罗琳还为母亲和雅各布编织了足够他们两年之用的新袜子。(卡罗琳在她的自传中解释，这是为了减轻她的离开带来的内疚感。不过，这更可能是卡罗琳用实际行动为自己最终能逃离汉诺威增加筹码。)尽管采取了这些措施，威廉最终意识到，雅各布和安娜根本不打算把卡罗琳送到巴斯。因此，在 1772 年 8 月 2 日，威廉亲自前往汉诺威去接卡罗琳。直到那时，母亲安娜仍在百般阻挠，于是，威廉又开出了一个丰厚价码：由他出钱雇佣一个仆人接替卡罗琳。

然而，似乎就是这样的价码也不够带走卡罗琳。不过，碰巧雅各布跟着管弦乐队外出为丹麦女王演出去了。少了哥哥的反对，威廉和卡罗琳最后终于离开了或者说逃离了汉诺威。他们花了两周时间才回到巴斯。这段时间在卡罗琳的日记中被描述成了一段多少有点悲惨的旅程。他们搭乘的船只遭遇了暴风雨，彻底毁坏了。水手们救了他俩并"像扔皮球一样把他俩扔到了岸上"。接着，他俩又坐上了一辆马拉板车，路上车翻了，他们被"甩进了沟里"之后，终于换乘了前往伦敦的大马车。卡罗琳在这段旅程中唯一开心的记忆是，他们在晚上路过荷兰的乡村时，威廉为她指出了夜空中高悬的许多星座。当他们最终抵达威廉在巴斯的居所时(下午4点),卡罗琳喝了杯茶就"立刻上床睡觉了,直到第二天下午才醒来"。

卡罗琳和亚历山大住在阁楼里;威廉住在屋子的二楼,二楼的前部就是音乐室;一楼住着的是布尔曼(Bulman)一家,威廉在北方游历的时候结识了他们。布尔曼先生原先经商,后来生意愈发惨淡,威廉就帮他在八角教堂谋了个差事。家里的家务活原先均由布尔曼夫人操持,卡罗琳抵达后就开始接手一部分。"为了更好地接手家务,"卡罗琳写道,"吃完早饭后,我就立即跟着布尔曼夫人到厨房里学上一个小时,她教我如何制作各类布丁、果派以及许多别的糖果点心。"此外,卡罗琳还负责采购:"我抵达英格兰6周后,就独自外出买鱼、买肉、买蔬菜……在惊慌失措中购买一切我能带回家的东西。刚开始的时候,我哥哥亚历山大总会在我不知情的情况下远远地盯着我,直到我安全返回家中。"

此外,威廉还立刻展开了对卡罗琳的教育工作。在他们抵达巴斯的第三天早晨,威廉就开始教授卡罗琳英语、算术及记账。(后来威廉还给这些课程起了一些亲切的名字,比如"准备教授给卡罗琳的一些几何知识"和"为卡罗琳准备的一些代数知识"。)"上午的其他时间主要用来学习大键琴。"此外,威廉还指导卡罗琳在嘴里塞着东西的情况下更精细地发声练习——显然,这就是当时标准的发声练习教学方法。当卡罗琳的英语水平刚刚合格后,威廉就立刻送她去参加了教堂的唱诗班。之后,威廉又聘请了"大名鼎鼎的女士"弗莱明(Fleming),教授卡罗琳姿态仪容,为公开露面作准备。

卡罗琳就这样被推进了巴斯社交圈。在这里,她将要成为一位成功的音乐家。不幸的是,卡罗琳对巴斯的生活失去了耐心。"某位女士和她的女儿确实很有礼貌,她的女儿有时也会来看我,"卡罗琳写道,"然而,对这种不请自来的造访,我是愠怒多于开心的。因为在我看来,她几乎和白痴差不多。我对布尔曼小姐也持有同样的观点,因此我也无法与她进行深入交流。"卡罗琳还用同样刻薄的词汇描述了一位考尔布鲁克(Colbrook)女士——这位女士可是以“对演唱家和演奏者的绝好点评者”闻名的。卡罗琳是这样记录的:“她确实是一个见多识广的女人,但是她太善变了,脑子里的想法一天一个样,绝没有哪两天是重样的。”在一次为期两周的伦敦之旅中,威廉让考尔布鲁克女士带着卡罗琳多去剧院或是聚会上转转,认识一下当时最棒的演唱家。然而,暴风雪封住了返回巴斯的道路,结果“我只能和这个女人一起在伦敦待上6周!……这次滞留最后让我变得惶恐不安。因为考尔布鲁克女士虽然聪慧且富有学识,但心地却不怎么好,同时又喜怒无常,十分善变。然而我对此也不能有什么怨言,只能耐着性子去努力讨好她,毕竟在我返回巴斯之后,她对我的评价至关重要”。

无论是出于对威廉的尊重还是出于对自己的职业保护意识,这些想法都深深埋藏在了卡罗琳心中,没有对别人提起。不过,这些及其他出现在卡罗琳自传中的记录都清晰地表明了,她不仅聪明而且对自己的判断颇为自信。对像卡罗琳这样,从小按照不接受教育的仆人模式培养的女人来说,她应该充满自我怀疑与不自信才对。但卡罗琳一见到某些人就能意识到她们是白痴,并且她明智地将这样的判断留在了自己的心中。毫无疑问,她胸怀大志。因为她家务活繁重而威廉在“旺季”又忙于工作,威廉对卡罗琳的个人课程变得难以为继。于是,卡罗琳会在早餐时间演唱给哥哥听,之后就由威廉布置练习任务,由卡罗琳自行练习,她就根据威廉的“指导练习五六个小时大键琴”。

卡罗琳的决心和毅力是惊人的,于是到1777年的时候,她虽然才接受了5年的音乐教育,就已经在韩德尔宗教剧的公演中担任独唱了。一年后,她已经成为了巴斯冬季音乐会上的领唱。卡罗琳这样写道,“我当时一定表现得相当好,因为在我离开音乐厅之前(那时我刚完成了宗教剧《弥赛亚》的演出),就获得了伯明翰音乐会的工作邀请。”直到那时,卡罗琳也不确定她音乐事业上的成功有多少要归功于哥哥威廉——毕竟威廉既是她所在唱诗班的负责人也是与她一起同台演出的管弦乐队的负责人。不过无论如何,伯明翰音乐会的工作邀请和威廉没有任何关系。6 年前,当卡罗琳离开汉诺威的时候,她没有任何谋生技能,完全仰仗家中的支持。如今,她成为了一个完全可以自己养活自己的职业歌唱家——这正是威廉和亚历山大所期望的,却也是长兄雅各布眼中的白日梦。

最后,卡罗琳拒绝了伯明翰音乐会的工作邀请,理由是"我只在我哥哥担任指挥的唱诗班中演唱"。在对其音乐事业如此重要的时刻做出这样的决定,卡罗琳究竟是过分自信了,还是她对哥哥的爱,或是某种意义上的责任感,促使她留在哥哥身边?我们无法在她留下的材料中找到明确的答案,也许这些都是促使卡罗琳做出这一决定的因素。无论如何,卡罗琳最后留在了威廉的身边,在威廉的余生中,她一直是他忠实的伙伴——除了一次不可忽视的例外。

第五章

起初，确实是威廉繁忙的工作使卡罗琳没能如愿在音乐上得到哥哥足够多的指导。随着卡罗琳在巴斯第一个夏天的临近，她期盼着哥哥工作季的结束，期盼威廉能把更多的注意力放在她身上。然而，事与愿违。威廉那阵子有点无精打采，看上去缺乏动力：他的音乐事业蒸蒸日上，大名远扬，但他对音乐的热情正在慢慢衰退。很明显，威廉又需要寻找一个新挑战了。他对星空的兴趣已经持续了几个年头，终于在那个时候从"喜欢"深化成了"着迷"。卡罗琳还记得，在她刚到巴斯的那些日子里，威廉在给她上完音乐课和算术课之后总会"以天文作为我们的放松方式。我们会讨论那些我在来路上经过荷兰时认识的明亮星座，当时我们坐在邮件马车上，夜空晴朗"。然而，威廉却不再满足于仅用自己的肉眼观测星空了，他想要像天文学家一样，通过望远镜邂逅美丽的夜空。威廉自己是这样记述的，"每当我看到那些通过望远镜作出的迷人发现时，我都会兴奋不已。我被这门学科深深吸引，并且希望有朝一日我也能用望远镜亲眼观测一下壮丽的星空和行星。"

1773 年 4 月，威廉迈出了第一步。他在备忘录中提到，购买了一架象限仪（一种精确测量天体地平纬度的仪器）、一本埃默森（William Emerson）的《三角学》（*Trigonometry*）。5 月上旬，威廉又买了另一本天文图书,弗格森(James Ferguson)写的《艾萨克·牛顿原理阐明的天文学》(*Astronomy Explained on Sir Issac Newton's Principles*)以及一本天文表。这个月的晚些时候,威廉又记录"买了一块焦距10英尺*的物镜",这之后大约过了一周,他又记录"制作了许多目镜[其实就是透镜]和锡制镜筒[这应该是请人制作的]"。卡罗琳也在她的备忘录中写道,威廉在拥有这些材料之后,"开始设计制造一架长约18或是20英尺的望远镜"。威廉可不是只想通过天文放松一下而已。就像之前全身心地投入音乐事业一样,这次他又将大量的时间、精力投入到了天文上。这让卡罗琳有点失望,她这样写道,"几乎每个房间都变成了工作室。这让我很崩溃。在一间装饰典雅的画室中,一位家具木工正在制作镜筒和各式各样的支架。亚历山大在一间卧室中支起了一架庞大的车床……用来加工各种模型、打磨镜片、制作目镜等等。"

事实证明,亚历山大不仅是一位技艺精湛的大提琴演奏家。霍斯金在其剑桥家中与我的一次谈话中提到,亚历山大"在工程方面同样有着令人惊叹的手艺,尤其擅长制作各种小配件。他甚至能制作质量上乘的钟表。20世纪50年代的时候,他为卡罗琳制作的一座时钟在拍卖会上被售出。遗憾的是,从此之后那个时钟就销声匿迹,不知所踪了。亚历山大制作的时钟走时十分精准,比起那些天文学家们用于授时的钟表也不遑多让"。卡罗琳也这样写道,他们还在汉诺威的家中时,"亚历山大就经常坐在我们身边,用厚纸板做出各种各样的小玩意儿。他对此乐此不疲,我们也十分开心。亚历山大甚至发明了一座12小时制,整点时会发出'咕咕'声报时的座钟。这座钟最后准确运行了一个礼拜"。在巴斯,卡罗琳也被迫加入到望远镜的制造工程中去了。她的任务是用厚纸板制作出望远镜的镜筒。"但最终当工程彻底完工时,"卡罗琳写道,"除了哥哥,没人能通过这架自制望远镜看到木星或

---

* 通用的天文望远镜规格记录表示方法都使用英尺、英寸等英制单位,读者只需记住1英尺约等于0.3米,1英寸等于2.54厘米,后不赘注。——译者

者土星。原因在于我们的望远镜实在是太长了，各部分不能精确保持在一条直线上。”于是，他们转而使用锡来制作望远镜镜筒。

在整个望远镜工程中，威廉所用的参考书是《光学系统大全》(*A Compleat System of Opticks*)。这是史密斯在1738年出版的一部上下两卷的著作，而史密斯正是十多年前威廉痴迷的《和声学》一书的作者。史密斯在《光学系统大全》一书中详细介绍了光学理论，同时又一步步给出了如何将光学理论运用于天文望远镜制作及使用的指导说明。起先，赫歇尔兄妹们设想制作一架折射式望远镜——1609年，伽利略完成人类史上首次天文望远镜星空观测时使用的就是这种类型的望远镜。折射天文望远镜使用透镜组来汇聚遥远天体发出的光，并放大成像。这种设计有一些固有的缺陷：即便透镜组的曲率毫无误差，镜片玻璃中包含的任何一丝杂质都有可能将通过的光束扭曲变形。另外，我们人眼所见到的光，实际上是从紫色到红色多种颜色的混合体，这些颜色其实代表不同波长的电磁辐射。(在可见光光谱之外，还有许多波长不同的电磁辐射，包括紫外光、红外光以及那些波长和可见光波段差异更大的，比如电磁波谱一端的伽马射线和另一端的无线电波。人们打开收音机收听广播时，实际上就是在使用某种不可见的“光”。)折射望远镜的问题在于，当其镜片弯折光束的光路时——这是透镜聚光成像的原理——不同颜色的光弯折程度是有些许不同的。这也是彩虹的成因：天空中数十亿颗小水滴就像透镜一样将太阳光中的不同颜色层层铺开，最终在我们面前形成了一个壮观美丽的扇面。然而，这种现象对天文望远镜来说简直就是灾难——在它的影响下，原本应呈锐利星点状的恒星像会变成一团带有多种颜色的模糊光斑。尽管赫歇尔时代的人们尚未了解关于波长的知识，但他们在实践中发现，望远镜越长，这种所谓的“色差”现象就越弱。于是，人们开始不断尝试制作更长的望远镜。有人甚至制作出了长达400英尺的望远镜。毫无疑问，这架望远镜笨重而不实用。通过矫正透镜的方式也可以减小色差，但是加入额外矫正镜也使得望远镜变得更复杂也更难以制造。最后，当时无计可施的望远镜制造者们不得不彻底放弃精准天文折射望远镜的制造。

事实证明,凹面镜的表现比透镜要好得多。这是因为透镜要求里外两个表面都有绝佳的光学性能,而凹面镜仅对一侧表面有较高的要求。在由凹面镜构造的反射望远镜中,光线不用透过厚厚的玻璃,因而消除了色差的问题。时至今日,功能最强大的光学望远镜也仍是采用这种方式汇聚光线的(有些庞大的望远镜的反射镜面直径甚至达到了25或30英尺)。史密斯在书中同样详细描述了反射式望远镜。这种类型的望远镜历史与折射式望远镜几乎同样悠久。早在1616年,一位意大利牧师祖基(Niccolò Zucchi)就提出了反射式望远镜的概念。尽管其最终制作出的模型都或多或少有些缺陷,但正是他的思路启发了苏格兰人格里高利(James Gregory)。格里高利最终在1663年设计出了一款相当成功的反射式望远镜。* 1670年左右,牛顿也成功发明了另一款反射式望远镜。(格里高利式望远镜和牛顿式望远镜的主要区别在于,光束通过反射镜面汇聚后出射光束的导引方式和方向不同,这在外观上主要表现为目镜的位置不同。)

由于锡制镜筒的制作进展很慢,威廉制作折射式望远镜的尝试遭受了重创,于是他转而决定制作更有竞争力的反射式望远镜。截至1773年6月7日,赫歇尔在备忘录上已经记下了许多购买新望远镜的配件的条目,比如,“已购买镜片。已支付一架小反射镜的使用费。”不久后,他又记录道:“大概在9月8日,我租用了一架长2英尺的格里高利式望远镜。这家伙比起我的长望远镜来,实在是好用太多了。[赫歇尔制作的最长的望远镜达到了30英尺。]于是我立刻决定尝试一下我自己是否也能制造出这样的一架望远镜,毕竟我有史密斯的《光学系统大全》一书作坚强的技术支持。”要达到这个目的,首先,威廉需要一块铜锡合金(又被称为镜用合金)制作的反射镜面,并且这块镜面必

---

* 此后,按照格里高利的设计制造的反射式望远镜被称为格里高利式望远镜。——译者

须被打磨、抛光成一个完美的凹抛物面。(镜面的镀银技术是现代制作望远镜镜面的基础,但在当时这种技术尚未被发明。)

这样的抛物反射镜面价格不菲,就连当时收入颇丰的威廉也负担不起。于是,他决定自制这个镜面。考虑到威廉已经在家中堆满了各类车床和工具,这个决定似乎也谈不上有多激进。幸运的是,他们这个工作小组不必白手起家:附近住着一位教友派信徒,他的业余爱好正好就是研磨镜片,而他最近准备不玩了。于是,威廉顺理成章地买下了他所有的工具以及一些半成品镜面。同时,威廉还从这位先生那儿学到了一些实际操作的技巧,再加上有史密斯的书籍作理论指导,他立刻就干了起来。"大约在10月21日,"威廉写道,"我已经制作出了一些镜胚……我根据从教友派信徒那儿得来的配方制作出了这些金属混合物:32份铜,13份锡以及1个锑块。这种白色合金棒极了,它们看上去如此完美……约莫在12月中旬,我甚至已经给这些金属镜面抛了抛光。工作进展得很顺利,是时候考虑考虑如何组装这些镜面了。"

威廉为了制作自己的望远镜废寝忘食,几乎"走火入魔"。"为了继续维持他的生命,"卡罗琳写道,"我不得不一点点地把必要的食物送进他的嘴里,给他喂食——这一点也没有夸张,当时正值威廉的7英尺望远镜[这里的7英尺指望远镜的总长,而非主镜直径]完工之际,他的双手已经有16个小时没有离开望远镜了。"即使是在饭桌上吃饭,威廉也总是心不在焉地边吃边在纸上快速地写下笔记和新的设计思路。与此同时,威廉仍旧需要继续他的音乐事业以牟得生活费,但他实在是沉迷天文,无法自拔,即便旺季开始之后,他也完全无法割舍下他的天文爱好。"只要威廉一得空,"卡罗琳大约在1775年冬天写道,"他就立刻争分夺秒地继续制作望远镜。他甚至连换衣服的时间都不愿意花,许多衣服的花边褶不是磨破了就是被熔化的沥青弄脏了。"卡罗琳还记得,某个周六夜晚,威廉进行了一场晚场演出,回家时已是深夜。但他却为第二天有一整天的时间待在车床前制作望远镜而兴奋不已——同时,他还意识到,他的工具需要打磨了。于是,威廉和亚历山大也不管当时已是深更半夜,"提着灯笼和工具"就奔到了房东的磨刀石前开始打磨工具——毕竟要是被大家看到教堂的风琴手在休息日干如此世俗的活,影响恐怕不好。"不过他们离开没多久,"卡罗琳继续写道,"威廉就昏了过去,被亚历山大带了回来——刚开始打磨,威廉就弄掉了一根手指上的指甲。"

今天,性能最强大的天文望远镜的设计者和建造者,比如加州理工学院的纳尔逊(Jerry Nelson)和亚利桑那大学的安杰尔(Roger Angel)都是训练有素的天文学家。然而,他们却并不经常使用自己设计制造的望远镜,而是把观测时间留给那些专精观测的同事。但在赫歇尔所处的时代,天文学离这样的专业分工还远得很。那些制作望远镜的发烧友通常都是为了自己观测而走上这条路的。史密斯的《光学系统大全》一书既是一本望远镜制造的说明书,也是一本极好的星空观测指南。史密斯在书中详细介绍了他所谓的"天文望远镜探索星空的历史",其中既有我们太阳系(在当时,大家普遍认为太阳系包含太阳、月球以及包括地球在内的六大行星),也有那些高悬夜空的"恒星"。

史密斯还在书中探讨了一些天文望远镜观测结果尚不能解释的天文问题。这些问题让威廉·赫歇尔产生了极大的兴趣,毕竟他那不知疲倦的大脑绝对无法满足于仅仅去证实那些已经发现的现象。实际上,正是史密斯及其他作者(威廉研读的天文学书籍越来越多)列举出的这些天文之谜,指导了威廉之后整个天文生涯的观测工作,也为威廉根据观测结果得出结论指明了方向。举个例子,他们指出,尽管当时行星间的距离已经有了相当准确的结论,但恒星与恒星之间距离实在太远,尚无任何测量结果,甚至也没有很好的测量方法。

当时,天文学家们纷纷猜测恒星离我们真的很远。一个原因是,即便是在当时性能最强大的望远镜中,恒星都是呈锐利的星点状(其实时至今日也是如此),而不像行星那样有一个视圆面。(虽然恒星在望远镜中实在是小得可怜,但它们终究是被清晰地观测到了。这就证明,恒星是自己发光的,而不是反射太阳光发亮的——也就是说,它们都是自己那个系统中的太阳。)另一个更有说服力的证据是,恒星在望远镜中没有表现出“视差”。你可能对视差这个词汇有些陌生,但实际上每个人都在日常生活中体验过视差现象。要想体验视差现象其实十分容易,一个最简单的方法是:闭上一只眼,伸出一根手指放在面前约30厘米处,然后瞄准远处的物体(比如一棵树),使睁着的眼睛、手指和树形成三点一线。完成这个动作之后,闭上原来睁开的眼睛、睁开原来闭着的眼睛,其他保持不变。这时候你会发现,你的手指好像移动了一段距离(如图1所示)。这就是视差。这个现象发生的原因在于,当你改变观测的眼睛时,你的观测视角也随之发生了几厘米的变化。这个小小的距离变化相对眼睛至树的距离来说,小到可以忽略不计;但相对眼睛到手指的距离来说,这个距离变化就举足轻重了。不仅如此,如果你还知道自己双眼的间距以及手指相对树移动的角距离的话,你用高中所学的三角学知识就可以测算出手指与你之间的距离。(也许你在高中时代就这么做过了,现在回想起来了吧。)

对天体的观测也是如此,原理上毫无不同。古希腊人早在公元前189年就掌握了这个知识。据当时的天文学家依巴谷(Hipparchus)的记录,在这年3月的一次日食中,位于希腊与土耳其边境的观测者发现月球彻底遮住了太阳;但在埃及的亚历山大城的观测者看来,月球只遮盖了太阳的80%。依巴谷知道,月球位置的明显变化就是由不同的视角引起的,此外,他还知道埃及到土耳其的距离。于是,依巴谷就据此计算出月球到地球的距离是地球直径的35—41倍。(与大部分人所想的相反,古希腊人认为地球是个球体,并且知道地球的大小。)依巴谷的测算比真实值略大了一些——实际上,地月距离大约是地球直径的30倍——但也八九不离十了。

通过视差法,我们同样可以测算地球到其他行星的距离。要做到这点,我们就需要测量行星在恒星背景中的明显位置变化。(恒星距我们实在太远,所以它们的相对位置看上去似乎是一成不变的,因此可以作为背景。)1582年,丹麦天文学家第谷(Tycho Brahe)就想用这个方法测算地球与火星之间的距离。然而,当时第谷并不支持哥白尼提出的激进的新理论(地球不是宇宙的中心),他认为火星是绕着地球运动的。因此,第谷的测算注定失败——尽管他自己并不这么认为。虽然第谷测算错误,但正是他对火星在天空中的运行轨迹的精确追踪记录促使他的助手开普勒作出了伟大的发现:行星绕日运动的轨道是一个椭圆,而不是一个正圆。而开普勒的发现又进一步促使牛顿得出了他的万有引力定律。

第谷最为人所知的一个特征就是,戴着一个金银合金制成的人造假鼻子(他的鼻子在一次决斗中被削了下来)。毫无疑问,他在天文学上本可以取得更高更多的成就。但不幸的是,他在1601年辞世,享年54岁。不到10年后,伽利略开始了他的科学生涯。第谷的死因也是一个谜,众说纷纭:他可能死于自傲,也可能死于过度礼貌,甚至可能死于背叛。一种说法是,第谷当时受一位冯·罗森贝格男爵(Baron von Rosenberg)的邀请参加了一场盛大而漫长,同时又充斥着酒精的盛宴。宴席之上,第谷或许主动参加了一场持久的“膀胱大战”,或许是出于过度礼貌不愿离席上厕所。11天后,第谷就离开了人世,表面上看,他似乎是死于尿液堆积引发的过量毒素或者泌尿系统感染。但在一次20世纪90年代的尸体检测中,检测人员在第谷的头发中发现了大量的水银。这不得不让人们怀疑他是被毒害的,而且有一部分学者怀疑下毒者不是别人,正是第谷的助手开普勒——他在第谷死后就带着第谷记载着珍贵观测记录的笔记本远走高飞了。

且不论开普勒是否是以正当的手段获得了第谷的观测数据,但他确实是凭借着这些数据推算出了行星的轨道形状。不仅如此,他还揭示了行星的轨道周期(行星围绕太阳运转一周所需的时间,也即该行星上“一年”的长度)与该行星到太阳距离之间的直接关系。这一关系的发现意义重大:有了这个关系,使用视差法测量太阳系的尺度就更加方便了。当其他行星与地球、太阳大致处于一直线时——就火星、木星和土星来说,地球处于中间位置;就水星和金星来说,地球处于最外侧——如果我们可以直接测得地球与这颗行星的距离,并将这个距离以及两者的轨道周期代入到一个方程中,就可以得出地球与太阳之间的真实距离,进一步还可得出其他所有行星的轨道与太阳之间的距离。

采用这种方式度量太阳系的话,第一步计算就需要先选定一颗行星作为参考。很显然,木星和土星并不是首选,因为它们的视差现象甚至不如火星明显。水星和金星是更好的选择,它们离地球相当近。但选用这两颗行星同样存在一个问题:它们与地球、太阳位于同一直线的时间都是白昼。毫无疑问,白昼很难看到其他恒星,也就无法利用恒星背景及视差法测算地球到水星或是金星的距离了。不过,在1663年,格里高利(没错,就是那个成功设计出反射望远镜的格里高利)找到了一个解决办法。他注意到,水星时常会穿越太阳的视圆面,这意味着这颗行星会经常精确运行至太阳和地球中间。这其实就像月球运行至太阳与地球之间引发的日食一样。只不过,水星对我们来说,看上去实在太小,小到它跨越太阳视圆面时,我们都几乎无法感受到太阳变暗了。这种类型的"食"被称作"凌",具体到水星,就是"水星凌日"。(这种现象在遥远的其他恒星中也能看到,并且是过去10年中寻找太阳系外行星系统的重要依据。)从地球上不同的地点同时观测水星凌日,其起止时间是不同的。于是,通过这些观测数据就可以得出水星的视差。1677年,哈雷就进行了一次这样的水星凌日观测,但除他之外,仅有另一位天文学家也这样做了。这就意味着:观测数据不够,尚不足以计算出水星的视差。

于是,无论从哪方面看,金星都是最好的参照行星。尽管金星的凌日现象没有水星凌日那么频繁,但它距地球更近,视差也更大。同样因为金星距我们更近,它看起来也更大,凌日时在太阳视圆面上形成的阴影也更大,也就更利于我们进行观测。哈雷就曾在1716年提出,在即将到来的1761年和1769年两次金星凌日中,全世界的天文学家们都应该在世界各地展开大量观测。1769年的金星凌日发生时,赫歇尔已经来到英格兰了,只不过当时他还未成为一位天文学家。而哈雷也已逝世多年了，但是他呼吁进行的观测确实有了成果：计算出了天文单位（地球与太阳之间的平均距离）的长度，当时的测算值是大约 9100 万英里（14 650 万千米）。准确的数字是约 9300 万英里（14 960 万千米*），误差大约在 2%。

测算行星的距离相对还是容易的，但要想测算除太阳以外的其他恒星的距离就难得多了。很显然，恒星比土星还远得多——当时的人们认为，土星是距太阳最远的行星。哪怕是天文学家们在清晨和黄昏观测恒星，在这段时间里，地球的自转已经带着观测者平移了 1.28 万千米，或者说绕了这个星球半圈，它们也根本没有出现视差现象。显然，我们现在需要一条更大尺度的基线（观测点之间的距离必须更远）。地球围绕太阳运动的轨道就提供了一条这样的基线：我们分别在 1 月份和 7 月份观测恒星的时候，地球已经绕着太阳跑了半圈，从一头跑到了另一头。于是，我们的观测基线就从 1.28 万千米变成了 3 亿千米。（如图 2 所示。）

要测量恒星的视差，天文学家们必须找到一颗距离地球相对较近的恒星。当时的人们还不知道恒星有不同的内禀亮度**，于是，他们想当然地认为看上去较亮的恒星必然要比看上去暗的恒星来得近些。他们首先以极高的精度测量一颗恒星的位置，然后在 6 个月后将这个位置与其他较暗恒星的位置相比较，以这种方式来确定视差。然而，当目标星与参考星在天空中相距较远时，一个问题出现了。地球大气层会像玻璃那样折射光线。恒星只要不是在天顶位置，其星光就会以斜角进入地球大气，那么这些星光就会被弯折，导致地球上的观测者观测到的恒星位置会与其真实位置存在一定误差。因此，当天空中的两颗恒星相距过远时，它们发出的星光会以不同的角度进入大气层，而它们的相对位置也会被折射现象微妙地改变。不过如果恒星位于天顶位置

* 现定义 1 天文单位 = 149 597 870 700 米。——译者

** 即光度。——译者

时,其星光垂直进入地球大气,就不会发生折射现象了。正是基于这点,胡克(Robert Hooke)选择测量天龙座γ的视差。我们现在知道,这颗星位于天龙座,距我们150光年。对在伦敦的观测者来说,天龙座γ每晚都会经过天顶一次,所以在该时测得的位置总是可靠的。17世纪中叶,胡克就在伦敦家中屋顶上开了一个洞,展开了这样的观测。遗憾的是,这些观测并不成功。于是,在18世纪初,第三任皇家天文学家布拉德雷(James Bradley)再次进行了观测。[哈雷是第二任皇家天文学家,弗拉姆斯蒂德(John Flamsteed)是第一任,而现任皇家天文学家里斯(Martin Rees)仅仅是第十五任。]然而,布拉德雷同样没能观测到任何视差现象。因此,他下了结论,这颗星至少要比太阳远40万倍,而且可能远得多得多。

这并不意味着恒星的相对位置就不会改变。早在赫歇尔所处的时代之前,就有人注意到了一小部分恒星存在所谓的"自行"(尽管很微小),或者说恒星在人们的视场之内移动了一段距离。然而,这种位置变化并不是因为视角的来回移动所产生的视位置变化,也即并非视差。赫歇尔在史密斯和弗格森的书中读到的,望远镜中观测到的另一个现象是"清晰明亮的光斑"——那是一团亮光,既不同于恒星的锐利星点状,也不同于行星的圆盘状。当时,无人知道那究竟是什么。赫歇尔会在随后花费大量的时间精力去求证这些神秘的光斑究竟是何物。

赫歇尔学习的天文学参考书阐述的某些话题在如今的读者看来可能是非正统的,比如关于地外生命的思考。近来,随着最新发现的出现——火星上曾经有流动的水;太阳系外行星并不罕见——关于地外生命的话题甚嚣尘上。但外星生命一度对真正的科学家来说完全是无稽之谈,连思考一下都不值得——即便到了1960年,德雷克(Frank Drake)在射电波段开展人类史上首次地外信号搜寻的时候,他为了避免外界的嘲弄也是秘密地展开行动,不对外声张。不过在赫歇尔时代,地外生命倒是一个很热门的课题。弗格森在这个课题上花了格外多的篇幅,简直就是长篇大论。实际上,当伽利略第一次用他的望远镜发现木星卫星时，他就断言这颗行星一定有人居住。道理很简单，为什么上帝要浪费时间去创造那些地球人裸眼无法观测到的卫星呢？肯定是为了一饱木星居民的眼福！

上面提到的这些天文问题（实际上还有更多）无一不深深吸引着赫歇尔。这其中，第一个令赫歇尔着迷并深入研究的问题就是恒星距离的问题。然而，有两个困难阻止赫歇尔在这个问题上取得成功。正如前文提到的那样，当时的人们认为较亮的恒星肯定比较暗的离我们更近，这显然是不对的。恒星的大小差异很大，从矮星到超巨星，体积渐而增加。它们的内禀亮度同样差异巨大，相互间的差异倍数达 10^6 之多。赫歇尔明白这样大的差异在理论上是确实可能出现的，但没人知道这种差异是否会真的出现，即便真的出现了，也没人知道这种差异可能会大到何种程度。因此，赫歇尔在他的分析中绝不可能使用这些数据。

赫歇尔自己创造的创新方法还需要解决另一个问题。鉴于天龙座 γ 并非寻找恒星视差的最佳地点，赫歇尔决定不再使用胡克和布拉德雷采取的方法。除此以外，赫歇尔还认为，要想分辨两个本已相距甚远的物体之间的位置变化是十分困难的。想象你站在足球场的一端，远处的另一端放着两个相距 50 米的橙色道路安全锥。现在假设这两个锥体相互靠近 1 米：这个变化对位于球场另一端的你来说是很难察觉到的。但如果两个锥体原本仅相距 3 米，这 1 米的移动就会被轻易发现。同样地，赫歇尔认为，两颗在夜空中本就距离较近的恒星的视差最容易被观测到。因此，最好的对象组就是那些距离近到在肉眼看来几乎就是一个天体的双星系统。一旦赫歇尔找到这些双星，他就可以依靠恒星的视亮度来判断孰远孰近了。这之后，赫歇尔只需要在一年之中观测它们之间的距离变化就可以得出视差了。

然而在当时，天文学家们只发现了少数几个这样的双星系统。赫歇尔知道，他必须大量观测这种双星系统才可能在某一组中发现视差现象，现在已发现的数量远远不够。于是，他决定自己将它们找出来。

18 世纪 70 年代末,赫歇尔开始大规模巡天,目的是对每一颗已知恒星进行观测,看看它们究竟是不是双星。在今日的天文学研究中,这种搜寻模式已是司空见惯,甚至可以说成为了一种标准,但在当时绝对是闻所未闻。

遗憾的是,赫歇尔的这个计划也失败了。由于当时赫歇尔几乎与主流天文圈毫无接触,自然也不熟悉剑桥大学的天文学家、地质学家米歇尔(Reverend John Michell)。一位同时代的人把米歇尔描述成"一个肤色黝黑的矮胖男人……但同时又是一个受人尊敬的智者,也是一位杰出的哲学家。此外,他已出版了一些磁学和电学方面的书籍"。事实上,米歇尔与赫歇尔一样,是一位非同凡响的科学家。只是他从没有像赫歇尔那样发现一颗新行星或是别的什么能够吸引大众眼球的东西,因此,他的名字逐渐被大众淡忘了。米歇尔在磁学领域写过数篇开创性论文,还撰写了一部地质学专著。这部专著奠定了他"地震学之父"的地位。除此之外,米歇尔第一个提出了一种现象——一种天文学家们近来才逐渐开始研究的现象。那是在 1769 年,他预言了黑洞的存在。两个世纪后,米歇尔所作的这个预测重见天日,大约也是在那个时候,物理学家惠勒(John Archibald Wheeler)创造了"黑洞"一词,用以描述那些引力强大到光都无法逃离的天体。

与赫歇尔的计划密切相关的是米歇尔在 1767 年发表的一篇论文,题为《从恒星供给我们的光量及其位置的特殊情况探究恒星的星等及可能出现的视差现象》(An Inquiry into the probable Parallax, and Magnitude of the fixed Stars, from the Quantity of Light which they afford us, and the particular Circumstances of their Situations)。在这篇论文中,米歇尔改进并进一步研究了数十年前哈雷所作的数据分析。他更有力地证明了哈雷的分析结果:即便是通过望远镜,所能观测到的恒星数量也不足以使观测者看到两颗恒星碰巧排列得很近的情形。米歇尔认为,我们所发现的双星看上去距离很近,这并不是一种视觉效果,而是它们实际就是如此。相距这么近的两颗恒星会严格受到牛顿发现的万有引力束缚,被锁死在它们各自的轨道上,互相环绕运行,因而它们到地球的距离实质上是相同的,不满足测量视差要求的一近一远的条件。因此,这样的双星对研究视差毫无用处。

多年之后,赫歇尔知晓了米歇尔的观点,但他仍旧坚持进行其测量恒星视差的计划。赫歇尔不达目的誓不罢休的个性原本是一种优良品质,但有些时候却发展成了彻头彻尾的固执。正如霍斯金在《威廉·赫歇尔与星空结构》(*William Herschel and the Construction of the Heavens*)一书中所写的那样,"赫歇尔的特质使他拒绝向他人学习,碰到问题的时候更是如此"。最终,第一个恒星视差发现出现在 1836 年。那时,赫歇尔已经离世 16 年了。更重要的是,这个恒星视差的用处十分有限。即便是使用功能强大的现代望远镜,也只有距地球相当近的恒星的视差才可能大到被我们观测到,一旦出了银河系就毫无指望了。如今,在天文学家所谓的"距离阶梯"中,视差仅仅是第一级。他们使用视差测量邻近恒星的距离,以此计算更远的明显类似的恒星的距离,并将这些同类恒星与在大致相同距离上的亮星作比较,进而利用这些亮星估算与之类似的更远恒星的距离,其中有些已经远至最近的星系了。尽管视差本身的作用有限,但"视差"这个词汇已经深深植入到现代天体物理学中去了:天文学家们常用的基本距离单位,并非你所认为的、那些畅销书中常常提到的光年,而是秒差距,意为"视差为 1 角秒时的距离"——恒星的视差为 1 秒,或者说 1/3600 度(角度制)时与地球的距离就是 1 秒差距。1 秒差距大约等于 3.26 光年。而星系间的距离通常以兆秒差距(也即百万秒差距)为单位。

尽管米歇尔认为双星观测对视差测量没什么用处,但他意识到这对检验牛顿的理论价值连城。牛顿认为万有引力定律是普适的:恒星间的引力与地球使苹果坠落的引力并无二致。要检验这个理论是否正确,就必须长时间跟踪观测相互环绕运动的双星。同时,为了确保测量的准确性,庞大的观测样本是必需的。事实证明,赫歇尔在巡天观测中发现了成百上千个双星系统,这其中大概只有十来个是先前已证实的。

在后续的数十年中,赫歇尔反复观测了这些恒星,并且以极高的精度测量了它们的位置。最终,他在1803年发表的一篇论文中解释了这些双星系统的运动,该论文名为《论过去25年间双星系统相对位置变化之因》(Account of the Changes that have happened during the last Twenty-five Years, in the relative Situation of Double stars)。“我现在……准备开始着手,”他写道,“给出这一系列观测的结果及其解释……如果我没犯错的话,这将证明许多双星不仅是看上去成对出现,实际上它们确实就是一个双星联合体,依靠相互间的引力紧密结合。”

因此,尽管赫歇尔并未测得恒星距离,但他的失败却是一次对牛顿理论的关键检验。更为重要的是,正是他对测量视差几近固执的努力,首次让人们意识到:银河系中大部分像太阳这样的恒星实际上是双星系统或是聚星系统中的一员。这对人们理解恒星及行星的形成过程至关重要。

现在,是时候来看看赫歇尔是以何种方式高精度测量天体相对位置的了。他的观测方法为之后的数个重要发现打下了基础。现代天文学家丝毫不担心如何用物理手段记录下他们的观测结果,在这点上,他们比赫歇尔有优势多了。赫歇尔的时代距离天文学家们应用照相术还很遥远,也就是说,他完全没有机会接触到任何光电探测器或是计算机。汤博(Clyde Tombaugh)在1930年发现冥王星的时候,可不是在洛厄尔天文台用望远镜瞥见的。他仔细研究了不同时间拍摄的同一天区的照片。这些照片几乎一模一样,只有细微差别。汤博使用了一种叫作闪视比较仪的精巧装置,它可以交替照亮两张照片,方便汤博观察其中的哪个天体产生了移动。在汤博细细比对了成千上万对这样的照片后,他终于发现了小小的冥王星——冥王星在慢慢围绕太阳运动的过程中,在照片中的位置发生了显著变化。采用这种方式,汤博想测多久冥王星的位置变化就能测多久,想要用高精度的测量仪器重复多少次测量就能重复多少次。因此,对他来说,计算冥王星的轨道不过就是一场琐碎的练习而已,难度却并不高。电子影像器的出现更是大大简化了这项任务:斯隆数字化巡天(Sloan Digital Sky Survey,SDSS)是赫歇尔巡天计划的继任者,但高度自动化并且功能强大得多。时至今日,它通过计算机在电子影像中寻找天体移动的方式已经成功追踪到了大约1万颗小行星。

照相术在赫歇尔的晚年才发明出来(他的儿子,约翰·赫歇尔是这个发明的参与者之一)。而且在他的有生之年,天文学家们都没有把这项技术应用到天文学研究中。赫歇尔终其一生都只能完全依靠他的双眼进行观测。尽管他无法永久地记录夜晚的观测成果,仍旧有一些可用的技术能够为他的观测提高些许准确性。一种名叫测微计(不要同精确测量小物件的现代工具混淆,也不要和单位"微米"弄混了)的仪器就可以用来测量恒星在夜空中的相对位置和角度。这种仪器包含一个用木头这样的坚实材料制成的半圆形底座,直径大约0.9米。底座之上安装有两个小金属盒。每个盒子上都开有一个小孔,盒中各放一根蜡烛,这样烛光就只能从小孔中透出来了。此外,它们都各安在一根支臂上,这样就能滑动到一起或是分离。支臂可以在半圆形底座上自由转动,并指向任何方向。天文学家一旦在望远镜中看到了两颗恒星,就会立刻调节金属盒子并转动支臂以使盒子上的两个小孔精确模拟两颗恒星的相对位置及角度。然后,就由助手(在赫歇尔这儿,通常是他的妹妹卡罗琳)站在天文学家的观测视角,在目镜和两个金属盒子之间各拉一根绳或线,以此记录下盒子的相对位置并测算出它们之间的角度。在这个过程中,确定两颗模拟恒星的相对位置与角度是否与真实的恒星完全一致,仍旧是依靠人为判断,故相对随意且不够精准。不过,即便如此,相较原先的手绘记录,测微计的使用也大大提高了整个测量过程的精确度。

第六章

在测微计、望远镜及卡罗琳（几乎每个夜晚威廉都会强征卡罗琳做他的助手）的帮助下，威廉花在天文上的时间越来越多。从准备到筹划再到实践，威廉无时无刻不在忙着他的天文观测、天文研究。他的音乐事业还在继续，却更像是不得不进行的例行公事。天文已不仅是威廉的爱好了，而是嗜好。此外，威廉和其他狂热爱好者一样，从不满足于已有的器材。当时，赫歇尔的主要工具是 1778 年制作的一架长约 7 英尺的反射式望远镜。尽管在很长一段时间内，该镜不是赫歇尔拥有的最大望远镜，但它的观测成果证明它是赫歇尔最好的装备之一。威廉总是梦想着拥有尺寸更大、功能更强的望远镜，并想方设法地尝试把它们制作出来——尽管有时结果不甚理想。

某次近乎彻底失败的尝试的证据至今还留存在新国王大街 19 号。赫歇尔在巴斯多次搬家后，最终在 1781 年 3 月定居该处。如今，该处已成为博物馆，赫歇尔工作室保存至今，其中的石制地板仍是当年坑坑洼洼、支离破碎的样子。这是那年 8 月赫歇尔浇铸一面 36 英寸反射主镜时留下的“遗迹”——尽管 36 英寸比赫歇尔之前制作的任何一面镜都大得多，但实际上他的原计划是制作一面 48 英寸的。为了找到一种强度足够承受如此巨大的自重，且不会扭曲、破坏主镜抛物反射表面完美曲率的铜锡合金,赫歇尔一连数周夜以继日地在工作室里做各种尝试。

同时,卡罗琳受命"为威廉抄写各种星表、天文表甚至借来的论文,以备再次翻阅……当哥哥整晚待在望远镜前时,我则为这些事忙得不可开交。在观测中,每当用到测微计的时候,威廉就需要我帮忙;有时我要去照看炉火,确保它一直燃烧;有时我要为威廉煮咖啡,这在漫长的通宵观测中是必需的。可能在旁人看来,这些活很累,可我却是心怀喜悦地去做这些事的"。

最后,制作反射镜的模具终于准备好了。卡罗琳写道,"我们将大量马粪放在研钵中捣碎,接着用细筛过滤。这可是个看不到头的大工程,花了我许多小时。亚历山大经常和我轮流干这活儿。"

第一次浇铸失败了,原因是模具裂了一个小口,金属流了出来,做出的镜面支离破碎、形状古怪。第二次尝试就好多了,至少不是第一次那样的灾难。威廉这样描述首次浇铸时发生的大灾难:

万事俱备,我们将537.9磅(244.0千克)金属放入熔炉中,接着开始慢慢加热。在金属彻底熔为可用于浇铸的液体前,我们觉察到有少量液态金属开始从熔炉底部漏出,落到了火上。这个缺口迅速扩大,液态金属快速流出,最终冲出了出灰口……液态金属流到了走道上,石制地板开始碎裂,有些甚至掀了起来。于是,我们发现有必要保持距离,任由这些液态金属在房间里肆虐。

关于这次事故,卡罗琳的描述更为生动:

我的两个哥哥、浇铸师和他的伙计们都不得不远离现场,跑到对门那边躲着。铺在地上的石板(我们早该移开它们)在高温下炸裂,碎块四溅,有些甚至砸到了天花板。我可怜的哥哥们忙着躲避碎砖块,在高温下精疲力竭。

你也许已经猜到了，巴斯市民们绝不会对赫歇尔痴迷天文一事一无所知。某位学音乐的学生在他的回忆录中写道，某次前往赫歇尔家接受指导，所处的房间“堆满了地球仪、星图、望远镜、反射镜片之类的东西，而钢琴则淹没其中”。还有一天晚上，赫歇尔在授课过程中发现天气状况突然好转，某个他一直想要观测的天体此时终于现身，于是大叫道，“终于出现了！”言毕，赫歇尔立刻丢下手中的小提琴，跑到望远镜前展开观测。我们的赫歇尔先生，此前公认是一位成熟稳重、浑身正气的好好先生，与英国上流社会也是过从甚密，而此刻，他在大家眼中着实成了一位怪人。鉴于赫歇尔先前就有过半夜打磨工具却弄坏手指甲的案例，也许他的内心深处本就藏着这样一个怪人，只不过现在才暴露出来罢了。

这也不一定是件坏事。赫歇尔的学生们可能觉得他有些古怪（尽管赫歇尔曾记录有些学生在他的音乐课上还请求他教授一些天文知识），造访巴斯的无所事事的富人们也许更喜欢一个一门心思从事音乐工作的赫歇尔，但巴斯的精英们绝不只是这么一些人。渐渐地，赫歇尔作为一个狂热星空爱好者的名声越来越大，最终某些严肃对待天文事业的重要人物也听闻了此事。在那个时代，正经从事天文工作的就那么一小撮人，他们都十分渴望能够和志同道合之士相互交流。比如，在 1774 年，赫歇尔就结识了牛津拉德克利夫天文台的创建者霍恩斯比。据卡罗琳记载，自那之后，威廉就时常让“那些他相识的学者介绍的陌生人用他的望远镜进行观测，又或者以别的方式满足他们的好奇心”。这些访客中的一位，就是第五任皇家天文学家马斯基林，他于 1777 年拜访了赫歇尔。卡罗琳当时可不知道这位访客身份之显赫。“威廉，”她写道，“当时在送客后，只是说马斯基林是‘一个了不起的家伙’。（在此之前，他俩进行了一次长达数小时的激烈对话。）”还有一位访客是伦敦皇家学会秘书布莱格登（Blagden）博士。所有这些绅士都在造访后在其他天文学家面前夸奖了赫歇尔对待天文的严肃态度以及他所取得的成果。这又促使更多的人拜访赫歇尔，用他的望远镜过把观测瘾,然后进行一场深入的谈话。

那是在1779年的12月,赫歇尔这位天文学新星,遇到了一位贵人——也许是他天文事业中最重要的一个人。当时,赫歇尔的居所没有花园,也就无法在家中架设望远镜。因此,为了架设他随后制造的20英尺望远镜,他不得不另租了一处房屋。当赫歇尔要用7英尺望远镜观测的时候,他就必须将望远镜从前门拖出来,架设在街道上。某个夜晚,正当赫歇尔观测月球时——看来,当时为寻找双星开展的大型巡天计划并没有让他忙不过来——一位陌生人碰巧路过,就请求用赫歇尔的望远镜看看星空。赫歇尔欣然同意,陌生人也对这次观测体验十分满意。(赫歇尔当时正试图通过测算影子的长度来计算月球环形山——第一个观测环形山的是伽利略——的高度。)第二天上午,这位陌生人又在赫歇尔家前门出现了。这次他准确地自我介绍:他是沃森(William Watson)博士,也是一位皇家学会的成员。沃森强烈建议赫歇尔加入刚成立的巴斯文学与哲学学会——这是久负盛名的皇家学会的巴斯当地小型版。

在此之前,赫歇尔只能在科学家们临时造访时进行随意对话,现在,他可以定期与他们聚会,并提交自己的研究成果以供讨论。同时,赫歇尔也开始通过新朋友沃森与皇家学会展开交流。比如,1780年5月11日,他就向学会成员宣读了他有关月球山系的报告。不过,这篇报告在赫歇尔做了修订后才在学会期刊《皇家学会哲学会刊》(*Philosophical Transactions of the Royal Society*)上发表。和现代科学期刊一样,投稿《哲学会刊》的文章在获准发表前,都必须经过审阅,由审稿人提出增删意见。就赫歇尔此事来说,他收到了一封来自沃森的信件,里面提到,"我随信附了一封皇家天文学家,也是你这篇文章的审稿人马斯基林寄给我的信。他在这封信中提出,你这篇关于'月球山系高度'的文章还需提供更多的解释说明。我可以感受到他在这封信中做出了巨大努力以解释为何需要这些。同时,我也感受到他的态度是善意的,是殷切的……我想你应该能妥善处理好此事(很抱歉我要给你提出建议了),要么按照建议进行相关修改,要么重写这篇文章。”

看来,该文章主要的问题在于,赫歇尔在观测和结论的技术层面上着墨过少,在论及其对月球居民的猜测时则着墨过多(简直可以说通篇都在讲这个)。作为一篇科学类论文,这样的内容不仅可以说是不相关,甚至可以说是有点古怪得不正常了,哪怕当时很多人都认为地外生命确实存在。最后,赫歇尔删除了有争议的章节,同时给沃森寄去了一封私人信件,意在说明他的观点。他是这样写的,“如果你能保证不叫我疯子的话,我会……向你倾诉我在这个问题上的感伤。”不过,正如我们即将看到的,这个小小的意外并没有阻止赫歇尔继续深入探讨其他地外生命。

无论如何,不知疲倦、百折不挠的赫歇尔成功地完成了科研论文,并将其提交给了巴斯文学与哲学学会;成功地制造出了望远镜;成功地继续音乐演出、音乐教学;也成功地坚持了他那宏伟得不合理的巡天计划。他的首要目的是搜寻双星,但会记录下任何观测过程中发现的天体或现象。(他那敏锐的双眼发现,航海家和星空观测者注视了数个世纪的北极星实际上是一个双星系统。)就这样,时间来到了1781年3月13日。那是个周二的夜晚,起初一切如常,但在22点到23点这段时间里,某个天体引起了赫歇尔的注意。赫歇尔当时无法确认这个天体究竟是什么,但很明显它有点不同寻常。它肯定不是一颗普通的恒星,因为在望远镜中看来,它不是一颗恒星应呈现的锐利星点。赫歇尔在当晚的笔记中这样记载,“在金牛座ζ星附近的天区中,有两颗星星,远离天顶的那颗有点奇怪。它有点像一颗云雾状的星,也许它是一颗彗星。距这颗彗星2/3个视场的位置上还有一颗小星。”

面对这样一个谜团,赫歇尔绝不会视而不见,很快他就不由自主地去一探究竟了。倘若这个天体是一颗彗星,那它一定会在恒星背景上移动。因此,赫歇尔在接下去的整整四个夜晚都对其展开了跟踪观测,同时使用测微计作细致测算。结果,这个天体确实移动了,这就证明它绝不是恒星。赫歇尔迅速将这个消息报告给了沃森,沃森又转而告知了霍恩斯比和马斯基林。起初,远在牛津的霍恩斯比找不到这个天体。他去信给沃森,信中这样写道,“我用我的寻星镜和夜视镜寻找这个天体,一度以为已经找到了。但后来才发现原来我看到的只是一些小恒星组成的星团。其在望远镜中看来就像是赫歇尔所说的云雾状星或昏暗的彗星。”几周后,赫歇尔给出了更精确的位置,霍恩斯比也终于看到了这个天体。“我对赫歇尔的能力丝毫没有怀疑,”霍恩斯比说道,“但这颗彗星就是1770年出现过的那颗。至于它现在是否已经经过近日点了,我目前还无法确定。”(近日点是天体在公转轨道上最接近太阳的一点。通常,彗星在近日点附近时其彗尾最为明显。霍恩斯比之所以在此提及近日点是为其猜测作注解,毕竟他并没有观测到彗尾。)

当时正在格林尼治皇家天文台的马斯基林接到消息后,则迅速发现了该天体。在赫歇尔指出的天区里搜寻三晚后,这位皇家天文学家致信沃森,“昨晚我在那片天区里确实分辨出其中有一个天体在运动,并且其位置与赫歇尔指出的相符,这让我相信这个天体可能是一颗彗星或是一颗新行星。但如果它确实是彗星的话,这颗彗星与我之前所见所闻的任何一颗彗星都有极大不同。它看起来是一种新型彗星,非常像恒星,但或许这种类型的彗星还有很多。”随后,再次扮演赫歇尔科学导师角色的马斯基林又在信中附上一段话:“我认为赫歇尔应该好好阐述一下他的望远镜和测微计了。”

赫歇尔仍旧每晚观测这个新天体,并且细致地记录下它的运动以便精确计算其轨道。尽管马斯基林猜测这有可能是一颗新行星,赫歇尔自己可还没做好准备这么对外公布——虽然他也知道,如果马斯基林的猜测是正确的,那么这将是人类历史上史无前例的伟大发现。到4月底,赫歇尔将所有观测结果都汇总到了一篇题为《某彗星报告》(Account of a Comet)的论文之中,并将其提交给了巴斯文学与哲学学会。同时,他还给沃森寄去了一份副本,后者于4月26日在皇家学会上宣读了这篇论文。

尽管有沃森和马斯基林这样的重要人物为其背书,起初,赫歇尔的论文并没有得到广泛认可。许多人认为赫歇尔所发现的这颗"彗星"早已为弗拉姆斯蒂德和布拉德雷(两人都曾任皇家天文学家)这样的著名天文学家观测过十六七次了,甚至伽利略说不定也曾观测过它。在他们眼中,这颗天体最多就是又一颗星而已,值得记录在册,但要长期跟踪观测并测算其轨道运动则大可不必。现在,正是这个自命不凡的新秀发现了一些著名天文学家错过的东西。马斯基林屡次向赫歇尔提供写好科研论文的建议,赫歇尔也依其所言在论文中给出了足够多的技术细节以诠释他的观点、方法。然而,讽刺的是,这反而更加深了一些读者的怀疑。"我手头上已经有了,"赫歇尔写道,"数个放大镜[这里指的是目镜,其功能是放大物镜聚焦所成的图像]。放大倍数有227倍、460倍、932倍、1536倍、2010倍等。每种放大倍数的目镜我都成功地应用到了这次观测中。"当时,放大倍数为200多倍的目镜就已经公认是相当不错的了。而赫歇尔,这个业余天文学家,竟然宣称拥有比那还强十倍的目镜,并且最后他还提到了放大倍数高达6000的目镜。这在很多人看来都是相当不可能的。在某些人眼中,赫歇尔已经成了一个彻头彻尾的怪人。霍斯金曾引用过一封写给沃森的信,信中某天文学家暗示他觉得该"送赫歇尔去疯人院"。这位天文学家甚至表示他很乐意亲自"护送"赫歇尔前去那里接受治疗。

尽管听上去像是信口雌黄,但赫歇尔所说千真万确。他和弟弟亚历山大虽然都是自学成才的目镜制造者,但其制作出的镜片性能在当时确实是首屈一指。此外,赫歇尔的眼睛也是久经历练。所有这些都让他超越了同时代的人,对夜空中的不寻常天体有着超乎常人的敏锐。但最重要的,还是赫歇尔年复一年、日复一日地精确观测、记录。凭借着这样的恒心与毅力,其发现新天体几乎是理所当然的,绝不仅仅只是因为一时的运气。很久以后,他如此写道,"在那一晚发现它确实是一种偶然……但即便那晚我因琐事而没能观测到,我也迟早会在以后的某晚发现它。"接下来的几个月中,英格兰和欧洲大陆的天文学家为获取足够多的数据以计算轨道,对这个天体进行了持续跟踪观测。他们逐渐接受了赫歇尔(这位不知从哪儿冒出来的新同行)并开始与之通信。梅西叶从马斯基林处得知了这个新天体,随后向赫歇尔致信,"一封来自伦敦的信件告知了我,您与您发现的新天体……赫歇尔先生,这次发现的成就完全归功于您。在我了解到要想在漆黑的夜幕中观测到这个天体有多么困难之后,我对您的崇敬更是无以复加。我完全无法想象您是如何多次定位并观测这颗星的——也许是一颗彗星——而要想观测到它的运动,连续数晚的跟踪观测更是绝对不可或缺的,毕竟,这个天体没有表现出任何一般彗星除运动外所拥有的特征。"也是在这封信中,梅西叶强调,"这个天体与我观测过的全部 18 颗彗星都毫无相似之处。"

赫歇尔发现的这颗彗星(先不论它究竟是什么)非常重要,他也因此收到了来自英国皇家学会的正式邀请。正是在那里,赫歇尔结识了皇家学会会长,约瑟夫·班克斯爵士(Sir Joseph Banks)。班克斯是一位久负盛名的博物学家与植物学家。他早年游历世界各地,四处搜寻标本。在班克斯接管皇家学会之后,他也经常支持并赞助这样的探险活动。许多此类活动的主要目的在于帮助进行一项在如今看来对环境极不友好的任务:移植植物到异地。尽管这样的实验带来的后果可能是灾难性的,但班克斯的初衷是善意的。一项他赞助的在 1789 年展开的行动就意在将塔希提岛上的面包果树移植到西印度群岛上,并研究其果实是否可以充当食物。参与这次行动的船只名为"邦蒂号"(*Bounty*),船长是班克斯的一位朋友,名叫布莱(William Bligh)。不过,随后发生的船员叛乱事件知名度要比班克斯本人高多了。

初夏时分,新天体在太阳的光芒下消失不见了,赫歇尔也就将注意力重新放回了望远镜制造工作上。(也正是在这段时间里,赫歇尔本人和弟弟亚历山大差点被因浇铸失败而被炸裂的石制地板砸死。)同时,他也开始继续搜寻双星——在他眼中,这才是主要工作。当然,他仍旧需要赚钱以维持生计。早在新天体消失之前,威廉就和卡罗琳参加了几个宗教剧的演出,并重新开始音乐授课。然而,到了 8 月底,那个天体——当时仍未准确辨认,也尚未命名——再次出现了。截至该时,该天体已经运动了足够远,此时再次计算其轨道得到的结果将可靠得多。虽然这个天体的表现十分奇特,但赫歇尔仍旧觉得他发现的是一颗彗星,只不过可能不是一颗普通的彗星。他确信可以通过他所观察到的该天体在夜空中的运动路径上的前后摆动*来测定视差,而不是通过该天体的主运动,因为那显然是沿其轨道进行的。基于所测得的视差,赫歇尔确信该天体距太阳的距离并不比地球大多少。又因为该天体在望远镜中看来较小,所以赫歇尔认为其绝对尺寸也较地球为小。

赫歇尔确实是个天赋卓绝的科学家,但也不会完全不犯错误。比如这次,他就错得有点离谱。对该天体真实轨道最出名的计算有两个,一个就是由伟大的数学家、哲学家、理论天文学家拉普拉斯(Pierre de Laplace)作出的,另一个则由一位名叫莱克塞尔(Lexell)的数学家作出。他们的计算让真相大白。尽管该天体确实是在太阳系内运动,但其与太阳的距离至少是地球的16倍(真实的数据接近19倍)。法国天文学家拉朗德(Jérôme Lalande,因其所编制星表、其在1769年所作的金星凌日观测及其不讨人喜欢的个性而闻名)这样写道,"从此刻起,我认为这个天体应被称为新行星。"很快,大家都达成了一致。于是,在1781年11月,班克斯邀请赫歇尔再次前往伦敦——这次是为了授予他皇家学会科普利奖章,也就是当时的诺贝尔奖。"我们这儿的部分天文学家,"班克斯在邀请信中这样写道,"赞同该天体是行星而非彗星的观点。若您认为该天体应立即命名,就请速速前来,否则,毫无疑问,我们那些精明的法国邻居会为我们代劳。"

在奖章授予仪式上,班克斯问道,"敢问在座的各位,赫歇尔发现的新天体,其轨道在土星外侧,其大小是否也可能超过了土星?"事实证明班克斯的猜测是错误的——天王星要比土星小多了,但他当时仍颇具预言性地继续发问,"那么是否还有新行星环、新卫星,或者其他

* 也就是我们现在所说的顺行和逆行。——译者

无数我们目前难以言明的现象等待着我们去努力发掘?”天王星确实拥有自己的行星环,只是相较瑰丽的土星环来说,就显得逊色许多。天王星环的发现是在1977年。当时,天王星环正好从一颗名为SAO 158687的恒星面前经过。该恒星在彻底被天王星遮挡之前,受天王星环的影响,陆续“闪烁”了5次;其在另一侧复现时,又“闪烁”了5次。赫歇尔本人在1787年曾声称发现了一个天王星环。他坚信自己做到了这点,但其他人对此颇有争议。2007年,一份提交给美国天文学会的论文认为,赫歇尔的声明可能是真实的——虽然不甚精确,可他确实得出了天王星最为显著的环的尺寸和颜色——但要想在赫歇尔那个时代看到天王星环,只可能是因为那时这些环要比现在亮些,而这种可能性就纯属假设了。不过,无论如何,按照如今的数据,天王星拥有13条环以及27颗卫星。班克斯要是知晓了这点,想必会无比震惊吧。

荣获科普利奖章后一个月,赫歇尔正式受邀加入了英国皇家学会。与此同时,发现新行星的名头也使他全球闻名。整个欧洲都在对赫歇尔进行新闻报导,讲述他的故事。然而,他们在报导中所用的赫歇尔的名字却是错得五花八门、千奇百怪,比如“Mersthel”“Hertsthel”“Hertschel”,甚至“Horochelle”。然而,有件事却还没完成,那就是为这颗新行星命名。包括马斯基林、沃森、班克斯在内的赫歇尔的好友们都觉得这是一个好机会——他们早就在找机会让赫歇尔全身心地投入到天文工作中。“他们一致认为赫歇尔在天文这行上相当有天赋,又乐于在此耕耘,”霍斯金说道,“于是,他们开始为此事惋惜:赫歇尔每年冬季都要把时间花在音乐上,而这段时间显然是天文观测的最好时段。当时的皇室资助有个不成文的规矩:如果有人为皇室成员增加了荣誉,那么他至少在道义上应当获得相应的奖励。”威廉的哥哥雅各布就做到了这点:作为汉诺威宫廷管弦乐队的成员,他向王后献上了一首曲子。而王后接受了他的进献之后,也就有义务为雅各布也做点什么。于是,王后涨了他的工资。更为贴切的例子则与伽利略有关。伽利略在发现了木星的四颗卫星后,为讨好美第奇家族的托斯卡纳大公(grand duke of Tuscany)将其命名为“美第奇星”,这为他赢得了一个数学家的职位。

于是,在朋友们的力荐下,赫歇尔决定以英王乔治三世的名字为这颗新行星命名。他称其为“Georgium Sidus”,意为“乔治之星”(有时也称为“乔治行星”)。如果国王接受了这个名称,那他亏欠赫歇尔的可比通常情况还要多,因为当时的英王室家族本就来自汉诺威。按照班克斯的观点,最理想的回报是,国王会任命赫歇尔成为下一任国王私人天文台台长。“我认为,”班克斯在1782年2月给沃森的信中写道,“国王陛下的天文学家所在的里士满确实是个舒适怡人的地方。并且,我也时常向国王提及赫歇尔先生的卓越才能。我知道德曼布雷(Demainbray)[现任台长]年事已高,然而不等撒旦召唤,他昨晚就撒手人寰了。虽然今天早上我去觐见了国王,但发现这事毫无指望。假如德曼布雷老爷子多活几天,我们趁此良机恭维他一番,事情或许还有转机,但现在恐怕这次机会已经错过了。”其实无论德曼布雷是死是活,都丝毫不会对赫歇尔产生任何影响:乔治三世已将这个职位许给了德曼布雷的儿子,而且显然不会食言。

尽管如此,赫歇尔的朋友们还是坚决要为他谋得一个职位。他们持续不断地以一种小心谨慎的方式游说国王及他的顾问。一时间,国王去到哪儿都能见到或是听到赫歇尔的名字。赫歇尔姐姐的长子格里斯巴赫(George Griesbach)当时已成为伦敦宫廷管弦乐队的一员。一天晚上,他正在演奏一首协奏曲,国王听到后便询问他是从哪儿得来的这首曲子。他只是单纯想知道这个问题的答案,对别的丝毫不关心。格里斯巴赫回答国王这是他大舅雅各布所作的曲子,经由他的二舅威廉·赫歇尔转交到了他的手上。倘若当时乔治国王有点疑心病的话,恐怕会怀疑一支赫歇尔乐队正在密谋造反。(数年后他确实在临床上表现得偏执、多疑,原因很可能是他得了酶障碍卟啉病,但这是另一码事了。)尽管如此,乔治国王还是洞悉了形势:他知晓了赫歇尔想要以他的名字命名新行星。与此同时,在大西洋彼岸,华盛顿(George Washington)击败了他的军队。乔治国王想到,也许确实应该做些什么以提振士气了。到了4月,威廉在他的《备忘录》中记录,“已有数位绅士告知我,国王正准备召见我……我列出了一份预备向国王展示的天体清单。”5月,赫歇尔收到了一封沃尔什(John Walsh)陆军上校寄来的信,信中写道,“我有幸与尊敬的国王陛下进行了一次交谈……主题是关于您及您发现新行星的壮举。交谈中,我借机提到,您提出以我们尊贵的国王陛下的名字命名新行星有两大理由:一是您与国王陛下一样,都是汉诺威人;二是您现在是大不列颠的居民,您也正是在此地发现了这颗新行星……之后国王陛下就很高兴地询问我,您何时会来到首都伦敦。”

与此同时,由于德曼布雷的职位已有了着落,国王必须再三斟酌究竟授予赫歇尔何种职位与荣誉。合理的解决方案要做到能让赫歇尔满意地欣然接受,以避免各相关方的尴尬。乔治国王听闻了不少非正式的建议,也认真思考了其可行性。有一个方案是这样的:国王可以在汉诺威另设一个皇家天文学家职位,由赫歇尔担任。霍斯金说这个方案并不好,原因在于,假使赫歇尔接受了这个职位,那他的工资收入将只有其现在从事音乐所得的四分之一。国王也在私下里听说了这个方案似乎并没有得到大家的认可。最终,国王自己想出了解决方案。这个办法不仅能解决赫歇尔的棘手问题,还能解决国王个人面临的一个困难。“最后,国王突然想到,”霍斯金解释说,

当时,他还有个问题需要解决,那就是如何取悦到他的私人领地温莎城堡去的客人。已经有个赫歇尔家的男丁在宫廷管弦乐队供职了,可以在晚餐时分为大家演奏,但演奏完他又能和客人们干点什么呢?如果温莎城堡里有位天文学家,那客人们就可以在他的带领下用望远镜看看星空。正是出于这样的考虑,国王随后邀请赫歇尔前往温莎城堡带领皇室成员观测星空。国王也借此机会考察……赫歇尔是否有能力做好这个事情,风度和教学能力是否足以胜任。

1782 年 5 月 20 日,赫歇尔在伦敦第一次见到了国王。会面结束后,他在写给卡罗琳的信中这样说道,“今天上午,尊敬的国王陛下亲切地招待了我,并且成了我的忠实听众。我呈上了一幅太阳系模拟图,且有幸向国王及王后讲解了其背后的故事。”一周后,赫歇尔应国王的要求,将他的 7 英尺望远镜(正是通过这架望远镜,赫歇尔发现了“乔治之星”)送到了格林尼治,以待那儿的天文学家检测。

接下去的一整个月,赫歇尔往返于伦敦与格林尼治之间。“上周五,”赫歇尔在 6 月 3 日写给卡罗琳的信中说道,“我在国王的音乐会上听到了乔治(格里斯巴赫)的演奏。国王陛下一见到我就开始滔滔不绝,我们的谈话足足持续了有半个小时……随后,国王又把我引荐给了他的好友。明天我将前往帕默斯顿(Palmerston)家就餐,后天则是同约瑟夫·班克斯爵士一起,等等。”在这封信的后续部分,威廉告诉卡罗琳,“前两天晚上,我都在格林尼治与马斯基林博士及奥伯特(Aubert)先生一起观测星空。我们还将各自的望远镜作了比较,结果发现我的望远镜性能超过了皇家天文台所有望远镜。许多双星在他们的望远镜中根本看不到,用我的就能看得很清楚。每当此时,我都会高兴地邀请他们用我的望远镜一探究竟。”这个事情在赫歇尔的备忘录中是这样记录的,“这整个月,我的望远镜都放在格林尼治。在此期间,不止是马斯基林,所有对天文望远镜有所了解的先生们在使用我的望远镜观测后,都表示其分辨率及放大倍数都超过了他们之前看到过的所有望远镜。就这样,我的望远镜经过了重重考验,得到了大家的一致认可。最终,国王向我提出,他希望将望远镜送往温莎城堡附近王后的一处小屋。”

这最终演变成了一场针对赫歇尔天文教学能力的试听会。当然,他的表现十分出色。同往常一样,事后威廉写了信给卡罗琳,讲述了相关情况。在 1782 年 7 月 3 日的信中,赫歇尔写道,“昨晚,国王、王后、威尔士亲王、大公主、索菲娅公主(Princess Sophia)、奥古丝塔公主(Princess Augusta)等皇室成员,蒙塔古公爵(Duke of Montague)、赫伯顿(Hebberdon)博士、卢克(Luc)主教等人都用我的望远镜看了看星空。天公作美,昨夜的天气状况很不错,大家都对观测效果很满意。国王陛下眼力颇佳,也很享受用望远镜夜观星空的过程。”第二天晚上很可能意义更为重大,因为赫歇尔在这一晚证明了他不仅是一位天文学家,更是一位出色的表演者。“这天晚上,”他写道,“国王和王后去了邱园,公主们急不可耐地想要用我的望远镜观测星空。此外,她们还想知道如果将望远镜架设在室内是否也能展开观测。当我告诉她们,想放哪儿就放哪儿时,她们高兴坏了。”于是,他们就将望远镜架设在了王后房间的窗边,耐心地等待观测木星或是土星的好时机。可惜的是,这天晚上天气一直很阴沉,观测眼看着就要泡汤了。于是,威廉想出了这么一个办法:

我向大家提议,既然今晚我们看不到真正的土星,那么不如观测一下人造土星吧。其实,我在下午就猜到今晚的天气状况很有可能不利于观测,所以我事先就准备好了这么一个小插曲。大家欣然接受了我的提议。于是,我请人点亮了花园墙壁底部的照明灯。灯光瞬间照亮了一幅土星的图像(在厚纸板上剪裁出来的)。效果真是太棒了,它是如此的自然真实,即便是最优秀的天文学家恐怕都难辨真假。在场的各位公主殿下及其他女士看上去也都对这个小玩意儿很满意。

几轮协商后,各方最终达成了一致:赫歇尔将放弃他的音乐事业,离开巴斯,迁至温莎附近。国王给予其每年200英镑的生活补贴。赫歇尔的唯一职责是,在皇室成员有需要的时候,为他们提供星空观测的消遣活动。对赫歇尔来说,这意味着他的收入将会骤降:他在音乐方面的收入大约是这个数字的2倍。他的好友沃森就在私下里评论说,“帝王的荣耀可不该只值那么点吧。”这确实是个公正的评价。不过,公平地说,皇家天文学家一年也就挣300英镑,而且正如霍斯金指出的那样,“他可是累死累活才拿那么点儿。”另外,国王随后还特许赫歇尔可以出售望远镜(市场需求很大)来赚外快。乔治三世自己就预订了5

架10英尺反射望远镜,并特批赫歇尔可以调用御用木匠做木工活。这是对赫歇尔望远镜工程的极大支持。不过,据霍斯金考证,乔治三世到1791年才付清了望远镜费用。1782年5月19日,正是赫歇尔去往伦敦的前一日,他完成了人生中最后一场公开音乐演出。关于此事,他是这么记录的,"圣玛格丽特教堂中唱响了我所作的一首赞美诗,而这也是我最后一次风琴演出。"这同样也是卡罗琳的最后一次演出。那天她负责高音部,并这样写道,"这是我最后一次公开演唱。"

就这样,新行星命名的事儿看上去就这么尘埃落定了。至少对乔治三世和赫歇尔来说,肯定是如此。不过对其他天文学家,尤其是那些欧洲大陆的天文学家来说,就未必如此了。他们提出,这么命名的话,这颗新行星的名字与其他几颗行星不协调:五位经典神话中神明的名字与一位世俗不列颠帝王的名字似乎凑不到一起去。(地球不在讨论之列,因为其得名比人们确认其为行星早多了。)赫歇尔则坚决捍卫他的观点。"当下是一个更为理性的时代,"他写道,"如今再以朱诺(Juno)、巴拉斯(Pallas)、阿波罗(Apollo)、密涅瓦(Minerva)这样的神话人物名来命名我们的新天体未免显得有些不合时宜了。"他在一封写给班克斯的信中提出,更好的方案是,新行星的名字应该能让未来的观星者准确地知晓其是何时被发现的,所以"'在乔治三世统治时期'就是一个极好的答案"。

赫歇尔的辩解并没有改变大家的看法。有位天文学家甚至慷慨地建议直接以赫歇尔的名字命名新行星。不过,这个大胆的想法没有得到任何支持。最终,1783年,普鲁士皇家科学院的一位天文学家波得(Johann Bode)为这颗新行星提出了一个与传统五大行星一脉相承的名字:"您也许知道,在德国,我第一个看到了这颗新行星。那是在1781年的8月1日——从那天起,只要条件允许,我就会对其进行观测……我认为乌拉诺斯(Uranus,天王星)这名字不错。在我看来,取名的时候最好还是严格按照神话故事来吧。当然了,还有些别的理由。不过,我理解您的所作所为。我确信如果我身处您现在的位置,我也会这么做的。"

在希腊神话中,乌拉诺斯(有时也作尤拉诺斯,Ouranos)是天空之神,也是克罗诺斯(Cronus,罗马人将其作为土星的名字)的父亲。以其命名土星外侧的行星本是再合适不过的了——除了,很遗憾,当时的人们可能也没想到,乌拉诺斯的英语发音一定会让青春期的男生咯咯作笑。* 如今,国际天文学联合会(IAU)允许新天体的发现人自行命名,但是必须符合该天体分类的命名方法,这样就可以很好地兼顾技术性和特殊性。国际天文学联合会的网站上有一些相关的例子很能说明问题,现照抄如下:

特洛伊型小行星(轨道与木星轨道成1:1共振的小行星)以特洛伊之战中的英雄人物命名(L4点附近的小行星用希腊方的英雄,L5点附近的小行星用特洛伊方的英雄);

轨道或接近或穿越一颗巨行星的轨道,但没有形成稳定的轨道共振的木外行星,也即半人马型小行星,以半人马族怪物命名。

远在海王星轨道之外的天体,其轨道稳定性在太阳系生存的大部分时间里能有相当保证(也即经典柯伊伯带天体或称"经典"海外天体),以神话中与创世相关的人物命名。

迄今为止,土星卫星的命名方式有多种:一是以希腊-罗马神话中的泰坦巨人命名(7个卫星如此命名);二是以泰坦巨人的后代命名(8个);三是以希腊-罗马神话中的巨人命名(2个);四是以罗马神话中的原始神命名(1个)。此外,出于国际化的目的,我们现在也允许使用其他神话(比如高卢神话、因纽特神话及北欧神话)中的巨人名或怪物名为土星卫星命名。

---

* Uranus在发音上与"Your anus"(你的肛门)相近。——译者

国际天文学联合会网站上的相关例子还有许多,各种天体的命名方法应有尽有。如果冥王星是在今天发现的话,它的名字不会是冥王星。原因是按照今天的分类方法,它已不再是一颗行星,而是一颗海王星外侧的天体,或称海外天体(Trans-Neptunian Object,TNO)。不过,如今我们也不会再对其重新命名了。鉴于当初冥王星降级时所面临的种种外界压力(大多数来自愤怒的学生),国际天文学联合会更不会撤销它的名字。过了好些年,天王星的叫法才逐渐为大家接受,但是当大多数英国天文学家也接受了这一名字后,威廉·赫歇尔仍旧固执己见,不愿改变。

无论天王星的发现相较赫歇尔的其他发现重要性如何,毫无疑问的一点是,这个发现成就了赫歇尔的天文事业。它不仅使赫歇尔成功转型为职业天文学家,更使其得到了全世界顶尖天文学家的认可。自那时起,无数信件从欧洲各地涌至赫歇尔处,询问他所用望远镜的细节甚至询问如何购买。这些信的作者还会请求赫歇尔提供观测上的技术细节指导——不止是针对天王星,也包括其他各类现象,比如木星大红斑。拉朗德还曾致信赫歇尔,希望他提供一些可写入传记的细节——他会将其写入他当时正在编著的天文学“历史备忘录”中。

不过,尽管赫歇尔很清楚发现天王星对他的职业生涯有多么关键,但他同样清楚其科学重要性究竟有多大——在赫歇尔看来,微乎其微。能在这个先前天文学家认为早已研究透彻的太阳系中发现这么一个隐匿的庞然大物当然是件意义重大的事情。不过,这也只是因为它给那些骄傲的天文专家上了一课:在浩瀚的宇宙面前,要保持谦卑。赫歇尔的雄心壮志可远不止发现行星那么简单。1782 年 6 月 3 日,正是赫歇尔在伦敦繁忙交际月的起点,他在给卡罗琳的信中这么写道,“现在,光学仪器制造商和天文学家张口闭口都是**他们所谓的**我的伟大发现。唉!他们是有多落后啊。如果这种小事都称得上是**伟大**的话,那就让我再来一次!我会继续制作这样的望远镜,继续作出这样伟大的发现……没问题,我有勇气和决心做到这点。”

第七章

此时,赫歇尔已经43岁了。在那个人均寿命并不很长的年代,高寿者虽有却并不常见。然而,赫歇尔还是决定全身心地投入到探寻宇宙结构和组成的研究中去,哪怕他自己也不知道自己究竟还剩多少时间。在1782年7月与国王达成协议后,赫歇尔立刻就在距温莎城堡仅约1.6千米处的小镇达切特找到了一处住所。在这里,赫歇尔就将展开他的新篇章,履行他的新义务。接着,他返回巴斯,将所有的个人物品都装上马车,随即就走了。最后,在8月2日,赫歇尔自豪地向卡罗琳和亚历山大展示了他们的新住所。

第一次见到这座房屋时,卡罗琳的内心是崩溃的。她在自传中这样叹息,"这个地方曾是乡绅们打猎时的歇脚之所,如今已是荒废多年的废墟了。我们请的工人花了足足两个多月才将四处的砖块泥浆清理干净。花园需要深挖1米多才能彻底铲除杂草。"收拾整理的工作自然就落到了家中唯一的女性卡罗琳身上。由于赫歇尔兄妹已不再和布尔曼一家住在一起了,卡罗琳找不到帮手,因此,她提出至少应该雇个佣人帮帮她。实际上,威廉之前确实在国王的室内装潢师的推荐下雇了一名佣人,她理应在赫歇尔兄妹抵达的当日前来报到,却一直没有现身。卡罗琳很快就了解了情况,"那名佣人因盗窃入狱,故而未能如期报到"。他们又花了两周才另找了一名佣人。在这段时间内,卡罗琳"所能看见的唯一一名女性就是一位花匠的妻子……但这位年迈的妇人除了带我逛逛店铺外,什么忙也帮不上"。与卡罗琳截然不同的是,威廉和亚历山大却"对这地方的便利很满意"。马厩是研磨镜片的理想场所;洗衣室可以改造成图书室,那儿直接通往一处草坪,草坪上可以架设他们的20英尺望远镜。(亚历山大探察草坪的时候,差点就掉进了一口隐蔽的深井。不过,在园丁割去了杂草后,这样的悲剧就不易发生了。)

到8月5日的时候,尽管房子的条件差到令人发指,赫歇尔却已恢复了他的巡天行动。几乎与此同时,皇室成员也开始邀请他前往温莎城堡,带领他们观星。赫歇尔当然无法拒绝,可有个问题令他倍感受挫:每次前往温莎城堡,他都必须雇人将他的7英尺望远镜拖去又拖回。最后,他为逃避这项义务找了个借口:要把从巴斯带来的剩余的镜片制作原材料集中起来,其中包括那次灾难性的镜片浇铸尝试留下的碎片,然后利用这些原材料制作一面直径3英尺的反射镜。根据霍斯金的观点,这次意外的耽搁严重打击了皇室成员的兴趣,星空激起的兴奋开始慢慢褪去。此外,他们还知晓了,赫歇尔功能更强大、更专业的20英尺望远镜将永久安置在达切特。尽管让赫歇尔前往温莎城堡对他们更为便利,但达切特更为优秀的观测条件意味着他们若亲自前往赫歇尔处,收获的观测体验将是更激动人心的。国王本人的首次现身则是在赫歇尔抵达达切特四个月后。此后,他也时不时地会带着一两个随从(通常不带客人)去看看,以此来证明他对天文学确实有着发自内心的热爱。

除了这些小插曲外,赫歇尔兄妹不分昼夜地展开了他们的工作。威廉会在午夜观测,通常观测条件都不甚理想,有时甚至可以说是危险。"说起威廉和我遭遇的意外事故,我可以列出一张长得吓人的清单,"卡罗琳写道,"有些事故甚至相当危险,幸好我们惊险地避开了。在如此黑暗的环境中,使用如此庞大的机器展开观测,危险总是时刻相伴。”赫歇尔从巴斯运来的20英尺望远镜已满足不了他日益增长的深度探索星空的渴望了，于是，他开始着手制作一架更为庞大的望远镜。新望远镜的焦距仍旧会是20英尺，但口径（也就是主镜片的尺寸）会增加一半以上——新望远镜口径将超过18.5英寸，现有望远镜则为12英寸——这架望远镜建成后，赫歇尔将能观测到暗弱得多的天体。“每天，我们都会请达切特的木匠和铁匠前来帮忙，”卡罗琳这样写道，“工具及主镜的模型制作好后，威廉就立刻前往镇上请人浇铸。在亚历山大从巴斯过来帮忙的三四个月里，我们几乎完成了主镜及光学部件的制作。”

威廉实在是迫不及待地想要使用新望远镜了。卡罗琳回忆道，“新望远镜距彻底完工时日尚早，威廉就急切地开始用它展开巡天计划了。每当我听到有物品掉落或是摔碎，我都会担惊受怕许久，要知道，威廉是在一根临时搭建的高达十五六英尺的横梁上进行观测的，而不是正式完工后的安全工作台上。这种感受实在是谈不上舒心。”同样是在这条记录上，卡罗琳在后文提到：

> 事实证明，我对危险及意外事故的担心并非杞人忧天。12月31日的夜晚，我就很不幸地成了一起事故的受害者……那天，威廉站在望远镜前，指导我用机械对侧向移动作些调整……机械的两端各有一个类似屠夫挂肉用的那种铁钩。当时，地上积着一层足有1英尺厚的融雪，我却不得不在黑暗中在其上行走甚至小跑。突然，我不慎滑倒，一个铁钩深深地扎进了我右腿膝盖上方约6英寸处。毫不知情的威廉当时让我“快点”，而我只能以痛苦的惨叫回应道，“我被铁钩勾住了。”威廉和工人们立刻就赶到了我的身边。然而，他们费尽九牛二虎之力才将我从铁钩上移开，钩子上留下了我将近两盎司的肉块。

医生告诉卡罗琳，这次受伤非常严重，即便是一名士兵也需要6周时间的护理才能恢复健康。然而，她仅休息了两周就回到工作中去了。

哪怕是这两周，卡罗琳也为没能帮到威廉，给他造成了不便而感到不安。所幸这两周期间，大多数时候夜晚总是多云而不利于观测，这才让她稍感宽慰。

赫歇尔夜晚忙于观测，白昼则打磨镜片，有些是他自用的（用在那些设计性能越来越高的望远镜上），有些则公开叫卖，售与他人。截至1795年，他制作了300多面镜片。这个数字应该是相当准确的，而他的主顾包括俄国女皇、奥地利皇帝以及其他许多当时顶尖的天文学家。

与此同时，赫歇尔也抽空撰写了一些论文提交给皇家学会。第一篇是在他离开巴斯前提交的，题为《关于恒星视差》（On the Parallax of the Fixed Stars）。这是他测量宇宙尺度的宏伟计划的第一步。尽管他的好友马斯基林竭力解释了赫歇尔的视差观测计划最终失败的原因——他甚至引用了米歇尔1767年论文中的明确论断以引起赫歇尔的注意——但赫歇尔丝毫不为所动，仍旧努力搜寻双星。不过，他的搜索对象范围也在逐渐扩大。在达切特安顿下来后，赫歇尔第一个持续跟踪观测的天体就是法国天文学家梅西叶在其星云星团表中所列的一个星云。星云在望远镜中的外观就是一团朦胧模糊的光斑（星云的英文名"nebula"在拉丁语中意为"云"），梅西叶特地列表标注出它们的位置，主要是为了便于他在观测时将星云与彗尾区分开来。梅西叶对彗星孜孜不倦的探索为他从法国国王路易十五（King Louis XV）那儿赢得了一个"彗星猎手"的美名。赫歇尔倒是对彗星不怎么感兴趣，他纯粹是出于对星云本身的好奇展开了观测，并开始着手编制他自己的星云表。

赫歇尔还开始渐渐意识到，他妹妹卡罗琳完全能胜任比观测助手更重要的工作。起初，卡罗琳在达切特的工作完全是琐碎的杂活。"每当威廉需要别人帮忙时，我总会全力帮助他。无论是看看时间、记录备忘、搬运工具，还是用杆测量地面，等等（这样的琐事每时每刻都会发生），只要看到威廉对我的努力露出满意的笑容，我就会倍感欣慰。"威廉想要观测的天体越来越多，自己一个人已经渐渐忙不过来了。因此,他开始慢慢让卡罗琳接手部分观测工作,用另一架望远镜同步开展巡天。威廉还叮嘱卡罗琳要特别注意"看似孤星,但在2倍或3倍放大下就能清晰分离的双星系统;在大约12倍放大下就能分辨的5、6、7、8或者更多颗恒星聚在一起形成的星团;星云;彗星"。卡罗琳独立观测的第二晚,她就发现了一个威廉尚未发现的星云,只不过该星云已经收录在梅西叶星云星团表中了。毋庸置疑的是,卡罗琳在天文观测上颇有天赋。很快,她就开始积累自己的数据,不断作出新发现了。1783年2月的一个晚上就颇有代表性,她在当晚的笔记中这样记录,"南船座亮星向北约1.25度处发现星云……威廉已经观测过它……但梅西叶并未收录,"同样是这一晚,卡罗琳随后记录,"大犬座γ附近发现一极暗弱星云……梅西叶并未收录。"

威廉和卡罗琳"收集"奇异天体的方式和他们的弟弟迪特里希当年收集蝴蝶的方式很相似。威廉也时常会在他熟悉的领域发现有趣的事儿。比如,在1783年3月,威廉发现月球的阴暗部分有个红色的锐利光点。他绝没有看错,因为当时造访的两位朋友也观察到了这点。威廉于是猜测,这一定是月球上的火山喷发。毕竟月球上有那么多山,其中的某些当然有可能是火山!过了些许时日,日光彻底照亮了那个阴暗部分,威廉就开始寻找火山并最终辨认出两座圆锥形的小山。由于他之前从未见过它们,所以威廉很自然地猜测这是在火山喷发期间形成的。最后,威廉将他的思考写成了论文,提交给了皇家学会。

1784年,他又提交了一篇论文。这篇论文是赫歇尔基于其对火星长达6年的观测而作的。他的本意是确定火星的自转轴,但在观测过程中,他详细地记录了火星南北两极的明亮区域。其实早有观测者发现了这两块区域,但赫歇尔发现它们的大小会随着季节的变化而增大或缩小——这是一个先前从未有人注意到的现象。赫歇尔在他的论文中写道,"迄今为止,根据我们目前掌握的知识,在整个太阳系中,火星与我们地球的相似度是最高的……那么,如果我们发现,我们所居住的这个星球的极区乃是一个遍布冰山雪海的冷冻世界……我很有可能会作出如下猜想:同样的条件也会在火星上产生同样的效果。"赫歇尔总结道,火星两极明亮区域的大小变化,很有可能是由夏季冰雪融化,冬季重新结冰导致的。这又进一步说明,火星有大气层,否则在这期间水汽就会逃逸到外层空间中去。如此种种都让赫歇尔得出了这样一个终极结论:"火星居民的生活环境在许多方面都与我们居住的地球相似。"

这两个小插曲向我们展示了赫歇尔的深入思考能够让他得出何种令人惊奇的结论。在月球这件事上,赫歇尔是彻头彻尾地错了。那个亮点有可能是低洼地区未受到日光照射,高山山顶反射日光时发出的闪烁,根本不可能是火山:从地质学角度来说,月球处于死寂状态已经数十亿年了。然而,赫歇尔关于火星的结论几乎全是正确的(除了关于火星居民的论述),并且他的推理非常之精彩。"赫歇尔的思维方式流传至今,"霍斯金这样评论,"他本人在《哲学会刊》中说道——他的原话可能并没有那么啰嗦,但他所表达的大抵如此——'倘若你积累了许多数据却从未想过据此创造些理论,那么你获取这些数据的意义何在?另外,多提出些理论总比少提出些更好。如果我要犯错,那我宁愿是因提出的理论实在过多而犯错。'"这种态度就如同他的观测方法一样现代。在天体物理学家口中流传着这样一句格言:如果十次观测就能犯错一次,那这个观测家水平肯定不到家;但如果一位理论家十次里面最多只犯错一次,那么他水平也不到家,因为这位老兄显然缺乏创造力。

在这一时期,最能体现赫歇尔创造力的科学之作与太阳及其在天空中的运动有关。早在1718年,哈雷就率先发现,天狼、大角、毕宿五这三颗恒星的位置与近两千年前依巴谷首次将它们记录在星表中时的位置已大不相同。随后,其他天文学家又陆续发现别的几颗恒星也有这样的自行现象——所谓自行,就是指天体在垂直于视线方向上的运动。正如霍斯金在其撰写的赫歇尔传记中所说,迈尔(Tobias Mayer)曾在1760年提出,假如我们的太阳真的在运动,那我们完全有可能计算出它的运动轨迹。鉴于其他恒星的位置也确实在发生变化,实在是没什么好理由可以让我们认为太阳是个例外。作为类比,读者可以想象自己在一处树木稀疏的丛林中穿行。由于树木稀疏,各个方向上的视线都较好。此时,倘若你没有意识到自己正在走动,那么在你看来,移动的就是树木:在你右前方的树木像是在往右移动;左前方的树木就像是在往左移动;整个效应就像是树木在你的周围流动,不论是哪一侧,视野中恰好位于我们左右两边的树木移动最快。恒星的运动也是如此。在视差观测中,最为遥远的恒星看上去根本不会有什么明显的位置改变,但邻近的恒星看上去就会像是在我们周围运动。当然,这样的运动也许微小到难以察觉,但也并非完全不能观测到。弗格森就在他的畅销书中谈到了这种理念,而现在赫歇尔就决定亲自检验一下。

这个观测实验实际上相当复杂,因为除了太阳运动引起的其他恒星的视运动外,其他恒星自身也可能存在运动。因此,此处我们不再使用上文在丛林中穿行的比喻,转而使用在人群中穿行的类比:由于别人也可能在走动,所以你根本无法判断你所看到的他人的运动究竟只是你的视效果,还是确确实实的真实运动,抑或是两者都有。然而,即便是不考虑恒星自身的固有运动,也需要知道其与我们之间的距离,这样才能从观测到的数据中得出结论,毕竟极远处恒星的视运动要比邻近恒星的视运动慢得多。这就让问题变得更加复杂了。赫歇尔必须面对的最后一个难题是,样本实在是太小了。自哈雷首次观测到恒星自行现象起,一直到赫歇尔做相关研究的年代,中间足足有 60 多年。但在这段时间中,已经确认的有自行现象的恒星数目仅仅从 3 个上升到了大约 12 个。如此之小的样本带来的统计偏差是赫歇尔完全不能容忍的,于是他再次假定,较昏暗的恒星必然更为遥远,以此来暂时搁置距离问题。他确实处理了恒星固有运动的问题,方法是宣称即便这样的运动确实存在,那也会是无规律的。因此,在这样的无规律背景下,他观测到的有规律运动将很容易被确认为太阳的自身运动。经过一番努力,赫歇尔最终得出结论:总体上,太阳正朝着武仙座 λ 方向运动。

1783 年 3 月,他将这个结果提交给了皇家学会。尽管在赫歇尔的工作中存在上述三个模糊不清的因素,但他的结论大体上是正确的。

赫歇尔的所有这些观测——无论是关于行星的,还是关于卫星的,甚至是关于太阳的——都偏离了他的工作主线。从本质上说,赫歇尔是一名宇宙学家,而非天文学家,尽管这两者在他所处的时代并没有正式且明确的区分:几乎从他的天文生涯起步开始,赫歇尔的主要目标就是探究宇宙这个整体的奥秘,而不是去研究单个天体的细节。当时,他的主要观测工具已经是那架口径更大的 20 英尺望远镜了。尽管在建造期间使用这架望远镜十分危险,但在彻底竣工后,这架望远镜无论在安全性能还是工作性能上都远胜那架老 20 英尺望远镜。老望远镜要求赫歇尔必须站在梯子顶上观测,并且要改变观测位置十分困难。新望远镜的底座上装有轮子,这样一来,哪怕只有一个人,也能轻易且快速地将望远镜指向不同的天区。观测者可以站在工作台上。如此,当望远镜为跟踪某一天体或是为了调整姿态以抵消地球自转影响而转动时,观测者也可以随之方便地改变自己的位置。此外,工作台上还放了一把安在滑轮上的椅子。在望远镜长时间指向同一片天区不动时,观测者既可以享受坐在椅子上的舒适,又可以轻松地掌控望远镜。

事实上,赫歇尔经常这么干。原因是,他意识到频繁地转动望远镜指向不同天区实际上毫无必要,有时甚至适得其反。频繁转动望远镜可以跟踪观测特定天体,但既然赫歇尔的主要目标是巡视整个天空并记录下其中的一切,哪怕不动望远镜,地球的自转就为他代劳了。于是,赫歇尔开始将望远镜简单地指向天空中的任意一个方向(一般来说会是南方),任凭天空在望远镜视野中慢慢划过。这种地球自转引起的星空视运动速度是很慢的。因此,他无需匆匆忙忙地去做记录。那么,这个速度究竟有多慢呢?慢到赫歇尔有充足的时间让一位工人交替地微微抬高或者压低望远镜,以使其能同时观测到两片不同的视野。最后的成果就是,赫歇尔一次观测就能记录到两条跨越整个夜空的巡视结果。

与此同时,赫歇尔对星云的兴趣与日俱增。将近10年前,正是史密斯的著作首次激发了他的这种兴趣。而现在,无论是梅西叶星云星团表,还是卡罗琳快速发现的新星云,都将他的这股兴趣推向了一个新的高度。这些弥散的光斑究竟是什么?首先,肯定不是彗星,因为它们就像恒星一样固定在天空背景之上。在1716年的《哲学会刊》中,一篇匿名文章(赫歇尔怀疑,作者可能是哈雷)提出了一个早期猜想:可能有一块遥远而明亮的以太,它透过某种昏暗的宇宙"阴云"中的缝隙放出光芒,这光芒就是星云。米歇尔则认为,星云是许多恒星的集合,但因其距离实在过远,所以我们无法分辨出其中的单颗恒星,因而也就以模糊的聚合体形象出现在我们面前。他的这个理论是有一定证据支持的:伽利略早已发现,银河实际上就是许多恒星构成的一个庞大集合体,而在我们的肉眼中留下了一个发光但模糊的整体形象。

100多年后,这个问题才最终解决,并且答案相当复杂。部分星云仅仅只是星际尘埃和星际气体形成的云状团块。另一部分星云实际上是单颗恒星(白矮星)喷发出的尘埃和气体外壳。部分恒星在老年期核心燃料耗尽后,会剧烈收缩,同时不断向外抛射物质,形成外壳,最后留下一个很小、高温的残骸,这就是白矮星。而这类星云就称为行星状星云——这是赫歇尔在1785年首创的一个分类,其得名是因为这类星云的球状外形让它们粗看上去与行星十分相像。天文学家在这两类星云中看到的都是弥散而模糊的物质团块,而不是遥远的恒星集团。

至于另一类星云,就和银河有点相似了。我们的银河系核心四周恒星密布,看起来就像是围绕着蜂巢嗡嗡飞行的大群蜜蜂一样,这种天体称为球状星团。无数恒星(也许有100万颗)组成了这样的球状结构。每个球状星团都形成了一个属于自己的迷你星系。它们距离遥远,在地球上的观测者需要用口径相当大的望远镜才能分辨出其中的单颗恒星。梅西叶星云星团表上也收录了部分球状星团。

梅西叶星云星团表还收录了一类星云,其中就包括著名的M31,即仙女座大星云。天文学家随后发现这类星云呈旋涡状结构。而对其本质的探究引发了一场旷日持久的大争论。20 世纪初，一场具有科学里程碑意义的大辩论就这样在沙普利(Harlow Shapley，时任洛杉矶附近威尔逊山天文台台长)与柯蒂斯(Heber Curtis，当时是加利福尼亚州圣何塞附近利克天文台的研究员)之间展开了。沙普利认为旋涡星云就是银河内的旋转气体云；而柯蒂斯则坚持认为，这些星云就是所谓的"岛宇宙"，每一个这样的星云都和我们的银河系一样大，并且位于它的外面，必然距我们十分遥远。最后，谁也没能说服谁，直到 20 世纪 20 年代，伟大的观测者哈勃(Edwin Hubble，一架空间望远镜就以他的名字命名)在 M31 中分辨出了单颗恒星，这才证明柯蒂斯是正确的(哪怕并非完全正确)。

回到赫歇尔的故事中来，起初他也站在米歇尔这一边，认为所有的星云都是星团。他甚至找到了些证据支持这一观点——不过，其中至少有一部分已证伪。例如，赫歇尔曾将 M31 列入一张他可清晰分辨出单颗恒星的星云列表中，但实际上这几乎是不可能的，哪怕使用他这辈子拥有过的功能最强大的望远镜观测，赫歇尔也不可能分辨出 M31 中的单颗恒星。不过，和发现天王星环一事一样，也没有任何证据表明他是有意造假。20 世纪初，有位自掏腰包进行科研的美国天文学家洛厄尔(Percival Lowell)，他坚信火星上有运河并坚称自己确实看到了。也许正是出于同样的渴望看到自己想看到的事物的心理，赫歇尔才会做出这样的事儿吧。

星云性质的问题确实令赫歇尔着迷，但他对下面这些问题怀有同样的热情：星云这种天体将会揭示何种宇宙整体上的秘密？宇宙中究竟有多少星云？它们又是如何在空间里分布的？为何它们之间的形态差异如此巨大？最后，星云将如何纳入到他提出的"星空结构"中？这最后一个问题是赫歇尔 18 世纪 80 年代后期提交的某三篇论文的主题，同时也是他整个余生将要深入探索的问题。

梅西叶收录的星云样本实在是太小了，完全不足以解答威廉的疑问。不过，卡罗琳很快便证明，可观测到的星云远不止梅西叶所列的那些。而威廉也确实将卡罗琳所发现的那些星云加入了他巡天时的天体观测列表,并准备详细记录。

与星云搜寻计划同步进行的是,赫歇尔对恒星本身的计数。他偶然发现了一个从内部探究银河系整体结构的精妙方法。第一个尝试研究此事的人是一位科学教师赖特(Thomas Wright)。他认为银河系应该是扁平状的,就像薄饼一样。让我们再用一个与丛林有关的譬喻来说明他的想法。现在,请想象你身处一片奇特丛林之中——这片丛林只有100米宽却足足有10千米长。那么,无论你的视线是沿着丛林短边的哪一侧,你所能看到的必然只有寥寥几棵树木,不远处就是无尽的空旷。现在,将视线转向丛林的长边,映入你眼帘的将是无边无际的树墙。在赖特看来,银河系的结构与之类似:我们沿银河系的短轴观测就只能发现少量恒星,但若沿长轴观测,能发现的恒星则数目众多。赫歇尔也在其1784年提交的系列论文《论星空结构》(In the Construction of the Heavens)的第一篇中提出了类似的观点。霍斯金认为,赫歇尔当时并不知晓赖特的想法,他是独立提出这个观点的。

在这篇论文中,赫歇尔还第一次隐约提到了他称之为"恒星计数法"(star-gaging)的技巧。不过他第一次正式应用这个方法却是在次年的第二篇《论星空结构》中。以下两个假设构成了恒星计数法的基础:首先,恒星在银河系中是均匀分布的;其次,无论往哪个方向观测,我们都能看到银河系的边缘,也即我们的观测视线不受阻。如果这两个假设都成立的话,赫歇尔需要做的就仅仅只是用望远镜观测各个方向上可见的恒星并计数。而任一方向上恒星的数目就仅与其与银河系边缘的距离相关。在1785年的这篇论文中,他提供了一幅应用这一技巧绘制的银河系图像——看上去有点像拉长了的阿米巴虫。遗憾的是,他的两个假设没一个是正确的:越靠近银河系中心(人马座方向)的地方恒星越是密集,而且密集得多。另外,因为我们的银河系核心为星际尘埃所包裹,所以无论从哪个方向看,我们甚至都无法看清银河系中心,更不用说银河系另一端的边缘了。赫歇尔随后也意识到自己的分析并不正确。即便如此,这也是当时他探索宇宙的信念的深度实践,同时也是其他人仅仅停留在口头上而从未付诸行动的伟大尝试。作为一名观测者,他应该保持冷静而客观的态度;作为一名理论家,他应该尽可能地保持创造力与想象力,哪怕这最终会将他引向一条结果彻底错误、毫无成果的道路。赫歇尔在这两方面都做得很好。

而事实上,赫歇尔也必须这么做。在1785年的《论星空结构》的引言中,他直言不讳地写道:

> 我认为,要想在对这个精致宇宙的研究中取得些许成果,就必须竭力避免走向两个极端——很难判断这两个极端哪个更为危险。一方面,如果耽于奇思妙想甚至进而构筑了自己的世界而深陷其中,那通往真相及宇宙本质之路将变得坎坷崎岖,寸步难行……另一方面,如果只知一味增加观测再观测,不愿尝试由它们做出总结,甚至不愿做出一丝一毫的推测,那就恰恰有违观测的唯一初衷。我将尽我所能在这两者中保持适当的中庸,但假如不得不在其中做出取舍,我更不愿意犯下第二种错误。

赫歇尔在研究星云的过程中也奉行了这一宗旨。他在与卡罗琳发现、收录新星云的同时,逐渐意识到,必须弄清楚星云形态各异的原因。正如前文已经提及的那样,赫歇尔赞同米歇尔的观点,他也认为这些模糊的光斑是恒星的集合,因为距离过远,所以我们才无法分辨出其中的单颗恒星。倘若事实果真如此,那么牛顿倒是提供了一个机制,可以解释星云之间的形态差异。哪怕就整体来说恒星是均匀分布在宇宙各处的,但就局部而言仍然有可能出现偏差。某个恒星分布密度稍大些的特定区域表现出的引力效应会比其邻近区域稍大些。即便是在那些真的呈现完美均匀分布的区域,也会有些恒星的质量要稍大些,这最后又会产生上述效应。这就与现代宇宙学家用以解释星系起源的机制十分相像了:大爆炸之后,物质开始聚集,引力在相对稠密的区域会不断放大这些细微的质量分布差异,形成某种“结块”。正是这些结块最终形成了我们今天见到的星系与星系团。

支持这一理论的一个证据是,赫歇尔发现的许多星云在形态上都呈球状,且其中心亮度远超边缘。如果我们假设恒星会在相互引力的拉扯下挤作一团——实际上球状星团正是如此——那这正是我们所能推导出的结果。有100多个球状星团围绕银河系核心运动(这就解释了为何在我们看来,它们总是朝着一个方向,也即银心的方向远离我们),其他旋涡星系也同样含有一定数量的球状星团。赫歇尔提出,星云形态差异巨大的部分原因是它们与我们之间的距离不同,另一部分原因是它们的年龄差异。引力无时无刻不在挤压星云,使其密度随时间变得更大,这就解释了为何有些星云离我们并不远,但我们仍不能分辨其中的单颗恒星。

不过,并非所有星云都呈球状:有些是旋涡状的,有些是不规则的。此时,赫歇尔一如既往地将其博物学家式的研究方法应用到了天文学之中:他根据他所认为的星云的不同起源,将它们分为不同种类(他的原话是不同“形状”)。他认为球状星云的成因在于其原始吸引天体——既可以是单颗恒星也可以是一团密度甚高的星际物质——大体上呈球状。而其他星云,或是拉长,或是扭曲,或是产生分支的原因在于,“许多大恒星,或是众多小恒星聚集而成的大集合体,有些呈延伸的长条形规则分布,有些则呈弯曲的钩状成排分布,有些则形成了分支。而它们自己也会吸引周边的天体或是物质,最后聚集而成的天体形态就会与先前引发聚集的原初天体分布形态类似”。赫歇尔还提出,倘若这些星云碰巧彼此相距足够近,那么它们可能发生合并现象进而产生更为复杂的形态。这最后一点就暗示我们:我们之所以能看到这么多形态各异的星云,是因为它们无时无刻不在演化。这真是前无古人!在他之前,所有人都将宇宙看作一个不会再有变化的成品。而威廉·赫歇尔则认为宇宙是不断变化的——而且,如果牛顿的引力理论正确,那宇宙必须是时刻变化的。“请允许我继续借用植物王国作比喻，"他在1789年的第三篇《论星空结构》中这样写道，"在日常生活中，我们既可以连续观察某一植物发芽、开花、长叶、结果、凋谢、枯萎、腐烂的全过程，也可以一次性研究该植物在其整个生命过程中的每个阶段留下的大量标本。对宇宙的研究其实也是如此，几乎没有什么不同。"换言之，我们看到的宇宙就像是一座大花园的快照，在这座花园之中，能见到处于各个生命阶段的花卉。

当然，银河系与其他星云是颇不相同的。除了极少数个例之外，绝大多数星云肉眼不可见，我们只能在望远镜中一窥究竟，而银河横跨了整个天空。不过，这和赫歇尔的理论并不冲突：银河系本就很大，而且由于我们身处其中，它与我们之间的距离当然也非常之近。"我们的恒星太阳，位于第三类星云，也即复合型星云之中，而我们，就身处太阳系中的一颗行星之上，"赫歇尔写道，"……现在，请允许我进一步向大家展示：我们栖息的这个庞大的恒星系统及其次分支［这条银河的分叉在南半球非常明显，用肉眼就能看到］，后者也包含了数以百万计的恒星——很有可能就是一个**孤立的星云**。"

此外，他还写道，"还需指出的是，别的一些非常显眼的星云不太可能比我们的恒星系统小，它们很可能大得多。而且由于它们同样广阔无边，构成它们的恒星所属行星上的居民一定也会观察到与我们银河类似的现象。出于这个原因，他们可能也会称其所属的星云为'银河'，以示区别。"100多年后，哈勃才彻底解决了这个问题，而在当时，赫歇尔通过不懈的观测及大胆的理论假设，得出了一个虽非完美但也相当正确的结论：我们的银河系仅仅只是浩瀚宇宙中众多星系之一。

这样，赫歇尔的理论便统一解释了大部分的星云问题，只是行星状星云的问题尚未解决。大多数星云的边缘模糊不清，赫歇尔认为原因在于星云密度从中心向边缘逐渐减小，直至变为零。可行星状星云的边缘却锐利、明晰，这让它们看上去就像某种昏暗的恒星。它们还可能是星团碰撞形成某种特殊天体后的产物。赫歇尔推测这也是1572年那颗明亮新星的成因。这颗显眼的新星当时突然出现，在数周时间内，其视亮度堪比金星——也就是说，当时，它比夜空中任何单颗恒星都要亮——随后逐渐黯淡。我们现在知道，那其实是一场超新星爆发：一颗年迈的白矮星不断吸积其硕大伴星的物质，达到临界质量后，便以一场剧烈的热核爆炸向星际空间抛洒大量物质与能量。当时的场景蔚为壮观，甚至坚定了第谷毕生从事天文事业的信念。不幸的是，银河系内肉眼可见的上一次超新星爆发发生在 1604 年，正好是在伽利略第一次将望远镜对准星空之前。尽管在 1987 年，天文学家在距我们仅 15 万光年远的矮星系，即大麦云中，又观测到了一次超新星爆发——这颗超新星随后便登上了《时代》(*Times*)杂志的封面——但他们仍旧渴望再次观测到这种现象。

行星状星云的存在让赫歇尔开始怀疑他的"大统一理论"*是否正确——至少，在某些情况下，确实存在这种"真正的星云状物质"，它们并非众多恒星聚集而成的发光体，而是真真正正的某种发光物质。在一篇题为《论所谓的星云状恒星》(On Nebulous Stars, properly so called)的论文中，他在文章伊始便声明，"最近，我数次观测了一片我先前并未研究过的天区，发现了**一颗大约 8 等的恒星，其周围环绕着一厚层微微发亮的云状气体**。"他强调，这个天体绝不会与其他几种星云状天体混淆，它特点鲜明，与球状星团及我们的银河系都颇为不同。

"当我继续深入这些研究时，"赫歇尔继续写道，并开始介绍他用一个统一的演化理论为所有星云分类的尝试：

> 自然哲学家研究各种各样的动物与昆虫，从高等生物到低等生命，每个物种都是他们的研究对象。不过，一旦低至植物领域，他们便很难为我们指明动物与植物的明确分界，他们甚至会怀疑这两者本质上并没有那么大的区别。然而，一旦牵涉自身，比如，将自己，这个人类物种

---

* 这里的"大统一理论"(grand unified theory)仅是赫歇尔自己的一套理论，并非我们现在熟知的那个大统一理论。——译者

与树木作比较,那么横亘在他面前的疑云便立刻烟消云散了。

星云的研究如出一辙:

就如同自然哲学家将目光从完全的动物转向完全的植物一样,天文学家同样需要某种对比鲜明的一瞥来驱散脑海中的疑云。而我在前文中提到的那种天体就很符合我们的需要。比如,在我们细细观测"某个特定的球状星团"后,再将目光投向这颗云状恒星,效果丝毫不会亚于我们先前提到的自然哲学家所取得的成果。我大胆猜测,所有人在这样做后,得到的结论会是,**环绕恒星的这团星云状物质并非由众多恒星聚集而成**。

赫歇尔的论据简单明了:在细致观测了这个天体及其他几个类似天体后,他在其中心附近分辨出了明亮的单颗恒星。(我们现在知道,这其实是普通恒星在生命晚期抛射外层物质后,坍缩而成的一团炽热而微小的"灰烬"。这些外层物质形成了行星状星云,而这团遗留下来的"灰烬"就是白矮星——很多白矮星的大小与地球相当,但密度要高得多。在大约50亿年之后,我们的太阳也会经历相同的过程,形成属于它的行星状星云,并留下一颗白矮星。而在这之前,地球表面上的所有生命便早已化为了灰烬。)然而,要是所有星云状天体都是由成团的不可区分的恒星形成的,那么这些怪异的新天体必然满足下面两个情形中的一个:其一,行星状星云的中心恒星要比该星云中的其他恒星大得多;其二,这些行星状星云离我们很近,且非中心恒星实在是小得可怜。在赫歇尔看来,这两个解释都不合理。"如果真是这样的话,要么其中心天体并非恒星,"他写道,"要么这颗恒星为一片性质完全未知的明亮流体物质所包裹。我现在只能接受这后一种解释。"他还暗示道,"也许现在就下结论,认为天空中数量众多的、像银河这样的星云都是由恒星聚集而成的,还为时尚早。"

赫歇尔进一步推测,这种组成行星状星云的流体物质很可能也可以没有中心恒星,独立存在。毕竟,这种流体似乎是自行发光的,因为其中心恒星实在太小,不足以形成光源。(此处赫歇尔的观点是错误的:中心恒星发出的高能紫外线恰恰就是星云外层物质发光的原因。)他还提出,如果我们将整个行星状星云的物质压缩到单颗恒星那么大的空间里,那么它确实就会像单颗恒星那么亮;也许,这种发光的星云流体物质确实会转变为恒星。宽容地说,赫歇尔此处的观点还是正确的。年迈恒星向星际空间抛洒的气体物质最终确实又会成为新恒星的原料。我们的整个太阳系,包括太阳、行星、彗星及我们身体中的大多数元素,都源于一颗 50 多亿年以前死亡的恒星。猎户星云,位于我们熟悉的猎户座“猎户之剑”中部,现在就是这样的一处恒星重生之所。其中的新生恒星为孕育了自身的尘埃云所包裹,但它们发出的光芒令后者也熠熠生辉。由于赫歇尔看不到那些新恒星(要想透过尘埃云观察到新恒星需要使用红外望远镜),于是他推测猎户星云可能就是一个发光流体物质独立存在,没有中心恒星的好例子。10 年后,他确信自己观测到了猎户星云的形状变化,这更强化了他对该星云并非由遥远恒星聚集而成的猜测。事实上,即便是那些距我们相当之近的气体云,赫歇尔也无法观测到其形状变化。这就是,霍斯金写到的,“错误观测成就正确结果的一个例子。”

所有的这些科学成果可能都要感谢国王,正是他将赫歇尔解放了出来,使他不必依靠音乐维持生计。没有了演出季的打扰,威廉和卡罗琳便可以专注于天文事业,充分利用每一个晴朗的夜晚进行观测。在冬天,这样的夜晚意味着绵长的黑暗,这对天文观测来说相当不错,但同时也意味着刺骨的寒冷。举个例子,德国天文学家冯·察赫(Baron Franz Xaver von Zach)就描述过他在赫歇尔的达切特住所中度过的某个 1 月的夜晚。(与彻夜观测的威廉和卡罗琳不同,他在凌晨一点便上床睡觉了。)“赫歇尔将他的 20 英尺牛顿反射望远镜放在室外,”

冯·察赫回忆道,“接着便在花园里非常简单方便地完成了安装……他妹妹则坐在靠近望远镜的一间屋里……赫歇尔调试完毕后,便会告知妹妹。后者则记下赫歇尔告知的赤经赤纬[本质上就是天体的经纬度]及其他一些相关观测数据……当时,花园里的温度保持在约 13 华氏度*。尽管如此,赫歇尔仍旧彻夜观测,只是每隔三四个小时便会返回室内,待上几分钟,稍作休息……他只能穿得更厚实些以抵御严寒。”

到 1785 年春天,达切特的环境条件开始让赫歇尔兄妹备受折磨。没有任何办法可以躲避严寒,但户外观测势在必行:倘若从暖和的室内观测星空,那么寒夜里的空气必定会被加热并产生湍流,这些受热气流将使星体图像比往常更为闪烁不定。毫无疑问,冯·察赫所描述的严寒是赫歇尔兄妹遇到的最糟糕的情况。他们不止一次记录到观测时的气温低于零下 18 摄氏度。就如今的英格兰来说,这种情况十分罕见,可以说是极端天气了,但不幸的是,赫歇尔兄妹所处的时代正是我们现在所熟知的小冰期**。霍斯金说道,当时,卡罗琳坐在窗边记录威廉对她喊出的观测数据时,钢笔墨水甚至在瓶里冻结了。

即使是在暖和一些的季节,达切特也总是相当潮湿。赫歇尔的住所位于泰晤士河附近的一块湿软土地上,而且屋顶有些漏水。这可真是绝佳的蚊子繁殖地。在这样的环境中,赫歇尔兄妹极有可能患上疟疾——这是当时几乎全欧洲都高发的一种地区性流行疾病。为了保护自己,威廉用生洋葱擦手擦脸,但并不管用。1785 年 3 月,他病倒了,随后便在伦敦接受治疗,主治医师是他的好友小沃森的父亲老沃森,他当时也是国王的御用医师。

尽管达切特住所的草坪相当大,足够放下赫歇尔的 20 英尺望远镜,但对于他计划建造的真正具有里程碑意义的大望远镜来说,空间仍

---

* 约零下 10.5 摄氏度。——译者

** 小冰期是指温暖的中世纪之后到 20 世纪早期之间,前后历时约 400—500 年的全球气候变冷时期。——译者

旧不够。赫歇尔计划建造的这台望远镜将是当时世界上前所未有的、功能最为强大的望远镜,其主镜直径接近3倍于赫歇尔的20英尺大望远镜。达切特的住所环境条件差,不利健康,同时空间也不够,于是,小沃森强烈要求赫歇尔兄妹再次搬家。他们采纳了这条建议,并最后搬到了旧温莎村附近的一处名为“黏土屋”(Clay Hall)的大房子里。

这处房产离泰晤士河很远,因此相当干燥,同时空间也够大,足以放下赫歇尔的新望远镜。现在,万事俱备,他缺的就是充足的资金。尽管赫歇尔有国王津贴,还有销售望远镜所获的收入,但这离项目的启动资金都差得很远,更不用说要完成它了。这愈发加剧了沃森的苦恼——他一直觉得赫歇尔的津贴实在是太少了。于是,沃森将此事告诉了班克斯,后者又将这个消息悄悄地告诉了国王,最终,乔治国王赠予了赫歇尔总额高达2000英镑的启动资金。霍斯金怀疑,赫歇尔可能就像二手车销售员(这个词是我个人的描述,而非霍斯金原话)一样,戏弄了国王。他向国王提出了两个方案,一是建造一架够用但不够夺人眼球的30英尺望远镜,二是建造一架真正宏伟到能令世界侧目的40英尺望远镜。而国王——相信最终决定完全是由自己作出的——便选择了更大的40英尺望远镜。霍斯金说道,“这真是个糟糕的决定。18世纪与19世纪之交,赫歇尔为西班牙国王制造的25英尺长、24英寸主镜的反射式望远镜将是他作为望远镜制造者的最高成就,在将这架望远镜移交给买主时,他颇为不舍。所以,建造一架30英尺长、(比如说)36英寸主镜的望远镜尚且还有可能,但要造一架40英尺长、48英寸主镜的就实在是有些过于超前了,而事实也证明,确实如此。”

当今世界最大的天文望远镜是夏威夷凯克天文台的一对直径10米(33英尺)的望远镜。* (如今,人们已不再把望远镜的长度作为指

---

* 这里作者所说的最大是指工作范围主要在光学波段的口径最大的天文望远镜,若把范围扩展到全波段,应是我国贵州的FAST射电望远镜口径最大。另外,即便是在光学波段,凯克望远镜也不是口径最大的。西班牙的加那利大型望远镜口径达到10.4米,只是在科研成果、影响力等方面不如凯克望远镜。——译者

标了，得益于现代制造技术的发展，镜片曲率可以比赫歇尔时代大得多，焦距也因此可以大大缩短。）两架凯克望远镜均由36面小镜片拼接而成，但其工作原理与单面镜并无二致——现今最大的单面镜口径达到了8米多。* 然而，对于渴望观测到极昏暗天体的天文学家来说，这些仍旧不够用。因此，30米、50米甚至100米口径的望远镜建造计划都已提上了日程。其中，100米口径望远镜暂定名为甚大天文望远镜（Overwhelmingly Large Telescope），建成后的主镜口径将会超过一个足球场的长度。

而在18世纪，相比之前的所有望远镜来说，赫歇尔的40英尺口径望远镜已经堪称"甚大"。国王的资助到位后，他便立刻展开工作。卡罗琳这样记录，"这项巨大工程的所有准备工作即刻启动。当时有一位能干的铁匠正待业在家，当即便被威廉雇佣。"接着，她还列举了各类工人、零部件，且描述了当时如火如荼的场面——然后，土地的所有人来了。"当威廉准备为40英尺口径望远镜奠基时，他发现必须先把这个难缠的妇人，凯佩尔（Keppel）夫人的问题解决了。后者告知他，以后每年的土地租金还要根据工程的进展上调。"赫歇尔两相权衡，觉得这个凯佩尔夫人实在难缠，还不如另觅他处。年内，赫歇尔兄妹便又搬了一次家，搬到了温莎城堡以北3千米的斯劳村内的一处名为格罗夫的地方。该地上个租户的女儿，帕本迪克（Papendieck）夫人这样写道，"赫歇尔到后的第一件事，便是把树都砍了，以免它们影响天文观测。这让每个了解此地美景的人都唏嘘不已。"

接着，赫歇尔架好了他的20英尺望远镜并重启了巡天工作。与此同时，40英尺望远镜的建造工程也重启了。卡罗琳这样记录当时的状况：

如果不是因为某些夜晚多云或是月光太过明亮而无法进行观测，

---

* 即LBT大型双筒望远镜，单镜口径达到8.4米。——译者

我都不知道威廉(也许还包括我)何时才能有时间睡觉。因为第二天早晨就会有至少三四十名工人前来工作,而这一干就是三个多月。这些工人里,有些负责彻底清理附近的树木,有些负责挖土、平整地面,方便砖匠为望远镜建造基座。另外,斯劳的所有木工也都来了。同时,铁匠们则忙着把洗涤室改造成锻造间,并开始生产日后要用到的全套工具。

硕大的4英尺口径主镜早已在伦敦铸造完毕——随后,由于主镜实在太过轻薄,无法承受自重而出现了沉降变形现象,丢失了设计的完美曲率,不得不重新铸造。(重铸时,赫歇尔直接前往伦敦为先前的残次品抛光,目的只是练手。)接着便迎来了第三次铸造:第二次铸造的镜面在冷却时炸裂了。赫歇尔在镜面合金中多加了些铜解决了这个问题。最后,1788年2月,他们终于成功了。冷却后的主镜有8.9厘米厚,900千克重,由驳船沿泰晤士河运往斯劳。接着,两组工人两班倒,昼夜赶工了两周才完成了镜面的抛光工作。主镜妥善安置在一具12边的木框之中,而木框则架在一座"祭坛"之上——这是一位来访的日内瓦天文学家的说法——木框的每条边上都有一位工人操作手柄从而操纵抛光工具进行工作。此外,木框的每边还都标有编号,对应的工人也穿着印有相应号码的连体工作服,这可能是为了方便赫歇尔发号施令,提高工作效率。

除了理论工作之外,建造工程的各个方面也都有卡罗琳参与——但总是在威廉的密切注视之下,即便是在开展搜寻彗星的巡天工作时也是如此。然而,在搬到斯劳仅仅三个月后,这位仍在学习的姑娘就得独挑大梁了。1786年7月,乔治国王委派威廉前往欧洲大陆。这位统治者将他在赫歇尔那儿预订的一架10英尺望远镜赠送给了格丁根大学,并且他觉得,若是能由建造者亲自送去,就再好不过了。这可真是已然透支工作、疲惫不堪的威廉最不想见到的事儿。另外,此事还说明国王根本不了解威廉现在到底有多忙。(和许多不切实际的老板一样,乔治国王在付出资金之后,几乎立刻要求威廉拿出40英尺望远镜的建造进展报告。)显然,威廉别无选择,只能接受命令前往欧洲大陆,但他决定充分利用这次出访,顺道返回汉诺威看看家人。于是,威廉带上了亚历山大,踏上了这次为期两月的旅程。亚历山大的妻子则留下与卡罗琳作伴。而即将独挡一面的卡罗琳却一点儿也不兴奋,她在这段时期的日记里写道,"我只得常常牺牲一个小时去听亚历山大妻子的唠叨。"

除去这些社交义务,剩下的时间里,卡罗琳就全权负责40英尺望远镜的建造工程,同时还负责组织、整理先前的观测记录——这可是件繁琐而冗长的活儿。就前者来说,卡罗琳在自传中写道,她当时数次支付工钱给工人们,详细记录了那段时间内的工程进展,还备注了望远镜工程中出现的不足。"我给铁匠结了工钱,"她在7月8日写道,"今天,铁匠收到了用于制造40英尺望远镜镜身的金属板,半数以上都质量堪忧,但他认为其中质量过关的金属板已经够用了。"而在组织整理观测记录的工作上,卡罗琳花了大量时间为她与威廉发现的星云编制星表并准备出版。(当时的那份星表记录的星云数量已经是梅西叶星表的10倍之多了。)不过,每逢晴朗之夜,她便会登上20英尺望远镜的观测台,在威廉不在的日子里,开展首席观测员的工作。

8月1日——大概也就是那时,威廉写信抱怨,自己给卡罗琳寄了四封信却丝毫没有收到回音——卡罗琳则在她的记事本中记录,"今晚我累计观测了100个星云,并且观测到了一个天体,相信明天我便能证明这是一颗彗星。"第二天午夜,她又记录道,"昨天晚上的那个天体确实是颗彗星。我连夜写信给布莱格登博士和奥伯特先生报告了此事,之后才上床歇息。"布莱格登博士是当时皇家学会的秘书,他收到卡罗琳的信件后立刻将这个消息告知了皇家天文台及德国、法国的天文学家。后者证实了卡罗琳所见不虚,并且正如布莱格登猜测的那样,这是一颗之前从未发现的新天体。随后他致信卡罗琳,告诉她约瑟夫·班克斯爵士可能会造访并亲自用卡罗琳的望远镜观察这颗彗星。

毫无疑问，不到一周之后，班克斯就抵达了斯劳，同行的还有布莱格登和帕默斯顿勋爵。

卡罗琳的发现完全配得上这样隆重的场面。如今，发现新彗星已经成了家常便饭，主要由业余天文学家来完成，但在18世纪，这种发现仍旧算得上是重大成就——尤其是这颗彗星的发现者还是一位女性。8月底，当威廉终于返回斯劳时，他便受邀向皇室展示这颗他妹妹发现的彗星。当时，作家伯尼（Fanny Burney）也碰巧在那儿。[尽管现在已经很少有人知道伯尼了，但她的小说和日记确实影响了当时的一大批作家，比如撒克里（William Thackeray）和简·奥斯汀。]她这样描述那颗彗星："非常小，且外观上也没有什么奇特之处。然而，这是第一颗女性发现的彗星，我也迫不及待地想看看它。接着，赫歇尔先生给我看了看他新发现的一些宇宙……比起他的卓绝才华，他的彬彬有礼给人的印象更加深刻。"对于卡罗琳，她这样描述，"她身材娇小，很和善、谦虚，也很坦诚。她的行为处世就像是未经世事那般天真无邪，总是向他人报以微笑，并希望别人也能微笑待她。"显然，她还没见过卡罗琳称别人为"白痴"的那一面。

随之而来的整个冬天与翌年春天，40英尺望远镜的工程从未停歇。"花园和工作室里到处都是苦力和匠人，"卡罗琳在她的自传中这样写道，"铁匠和木匠在锻造间和望远镜之间来回穿梭。我还得着重提一下，整个机械上的所有螺丝铆钉都是在威廉的密切注视下安上的。为了严格监督每个铁制机械部件的铆合工作，我常常能看到他一连数小时躺在烈日底下，透过脚手架看向上方。"乔治国王预支的2000英镑很快便花完了，而且后续开销源源不断地涌现。在《赫歇尔组合》（*The Herschel Partnership*）一书中，霍斯金援引了一封赫歇尔于1787年7月写给王室成员的信：

我先前提过，整个40英尺望远镜建造工程可能需要1200英镑或是1500英镑。另外，建成后，该仪器每年还需要150英镑或200英镑的维护费用。当时,我没法准确给出这个伟大工程的总花费。现在,我发现该工程的许多部分需要的时间和劳动力远比想象中的多,需要的原材料也比我预想的多。结果就是,原先的预算实际上远远不够。

用现代的话说就是,这个工程已经严重超支了。赫歇尔向国王提供了两个解决方案:一是一次性再拨一大笔工程款;二是根据开销定期注入资金。他并没有向国王建议中止工程,也许这是无言地暗示,国王不应愚蠢到中止一项已经部分完工的望远镜工程,这样会让已经投进去的钱打水漂。这种策略现在十分常见。国际空间站在超预算数十亿美元后,仍能顶着绝大多数科学家认为其毫无科学价值的舆论压力继续建造,很大程度上也是出于这个原因。不过,这种策略也有不起作用的时候:在得克萨斯州沃克西哈奇附近的地面上有一个巨大的深坑,那是超导超级对撞机(Superconducting Super Collider)的遗迹。这是一个对于科研有着重大意义的粒子加速器,可它还是在已然花费了数十亿美元后,被国会取消。

几个月后,乔治三世国王在一大票相关人员的陪同下亲自造访工地,视察望远镜基座及整个工程的进展,其中包括正准备安装的硕大望远镜镜身。很明显,赫歇尔觉得他的谋划起作用了:他在视察结束后的反馈报告中,恭敬地记录了国王的"宽宏大量及热情鼓励",并且表示既然国王明显想要继续资助望远镜的建造工程,那么他,赫歇尔,现在就要继续那些必要的开支了。这份报告厚脸皮地总结道,

您也知道,要想用这台旷古烁今的望远镜开展观测,没有4个人是不行的:天文学家、其助手以及2个负责移动望远镜的工人。迄今为止,我那聪明、勤奋的妹妹一直充当着助手的角色,并且她也有意继续这份工作。就我来说,她做得比谁都好,谁都不能替代,如果她不能继续的话,那我会非常遗憾。也许,我们尊敬的王后殿下,出于鼓励女性天文学家的考虑,会恩赐她一份年度津贴,大概五六十英镑就好,这样

也能让她活得容易些。万一我有不测,她也不会因没有经济来源而生活困窘。

另外,顺便一提,赫歇尔还补充道,**如果您不同意的话,我还是得雇佣一位助手,这就需要您开出 100 英镑的年薪了**——当然,赫歇尔在报告中的实际语气与措辞要比这恭敬得多。

国王同意了。他又向威廉拨了 2000 英镑的款,这大概是后者当时要求的两倍。另外,国王还提供了每年 200 英镑的运维费用,并且决定给予卡罗琳每年 50 英镑的津贴。"那年 10 月,"她写道,"我收到了 12.1英镑,这是我的第一份季度工资,也是我人生中第一笔可以任由我随意支配的钱财。"这个被父亲评价"既不好看将来也不会富有"的德国女孩,之前一直被母亲禁止学习任何谋生技能,眼看就要一生为繁琐的家务活所累,可她竟然不可思议地成了职业歌唱家,接着又成了职业天文学家。

当时,女性从事科学工作并没有你想象的那么不同寻常。事实上,根据《大脑是否有性别之分?——现代科学起源时的女性》(*The Mind Has No Sex? Women in the Origins of Modern Science*)一书作者席宾格(Londa Schiebinger)所说,在 1650—1710 年期间,德国天文学家中大概有 14% 是女性。纽卡斯尔女公爵玛格丽特·卡文迪什(Margaret Cavendish),就是 17 世纪中叶一位多产的科学论文作者。在意大利,有相当一部分女性可以获得自然哲学博士学位。而在 1733 年,巴西(Laura Bassi)在博洛尼亚大学获得了一份物理学教职。另外,早在 12 世纪,像宾根的希尔德加德(Hildegard of Bingen)这样的女性就以写作我们今天称之为科学文章的作品而闻名。席宾格还引用了皮桑(Christine de Pizan)于 1405 年发表的言论:"许多伟大且值得大书特书的艺术与科学成就都是由聪慧敏锐、心细如发的女性作出的。"除了皮桑之外,还有数位作家也同样公开赞扬了女性自然哲学家的成就。

不过,正如席宾格所说,这些女性科学工作者的境遇与男性同行截然不同。最早的女性科学家都是修女,凭借其在教堂内的地位获得公信力。随后,科学逐渐从修道院走向大学,且许多欧洲王国此后也建立了像法兰西学院这样的学术协会,女性就渐渐地被排除在了科学圈之外。举个例子,哪怕是在玛格丽特·卡文迪什因科学成就而获得肯定后,她只是申请旁听1667年的一场英格兰皇家学会的会议,便引发了极大的争议。即便是到了近代的1910年,已然获得了一次诺贝尔奖并即将获得第二次诺贝尔奖的玛丽·居里(Marie Curie)也被法国科学院拒之门外。而在卡罗琳·赫歇尔进入天文学领域的时代,女性要想长期从事科学工作,只有两条路可走:要么她是卡文迪什这样的贵妇人;要么她已受过训练,足以长期辅助父亲、丈夫或是兄弟工作。所以,像卡罗琳这样,独立作出重大科学发现的女性已然不同寻常,如她这般能够作为职业天文学家为自己谋得一份工资的女性更是闻所未闻。因此,站在威廉的角度上说,要求国王为卡罗琳支付工资确实是个大胆的举动。

当然,这个事情相较他要求国王继续资助望远镜工程的大胆程度来说,是小巫见大巫了。虽然这两个请求国王都批准了,但他显然被后一个请求彻底激怒了。在此之前,只要威廉觉得合适,他就可以随意支配国王的拨款。而在此事之后,国王要求威廉对花在40英尺望远镜上的每一分钱都要做账记录。卡罗琳之后也声称她因此事而感到"屈辱"。通常,像威廉这样在整个王国内都享有科学盛誉的人,国王应该会授予其骑士爵位。可威廉的册封直到1816年才姗姗来迟,彼时的乔治三世饱受精神疾病困扰,已无暇顾及朝政,管理国家的实际上是摄政王。

在参与这幕大戏的同时,赫歇尔也不忘继续开展他的巡天计划。他对20英尺望远镜作了些调整,结果发现,一些之前观测的星云现在看上去亮了许多。赫歇尔立刻想到,这样的改善或许可以让他确定天王星是否有卫星。(除了水星和金星之外,其他行星都至少有一颗卫星。)于是,1787年3月13日,赫歇尔第一次看到天王星整整6年之后,他又发现了它的两颗卫星。"乔治之星卫星的发现,"卡罗琳写道,"致使巡天计划数次中断……无数访客慕名来到斯劳,只求夜观这两颗卫星,这场景不难想象。"如今,已知的27颗天王星卫星均按照国际天文学联合会极其复杂的命名规则,以莎士比亚及蒲柏(Alexander Pope)作品中的角色命名[确切地说,是蒲柏诗作《夺发记》(The Rape of the Lock)中的角色]。之所以采用这种奇怪的命名方法,是因为威廉的儿子约翰·赫歇尔在1852年这样命名最先发现的4颗天王星卫星:威廉发现的两颗命名为泰坦尼亚(Titania)和奥伯龙(Oberon)*;而天文学家拉塞尔(William Lassell)于1851年发现的两颗则命名为阿里尔(Ariel)和恩布里尔(Umbriel)**。于是,国际天文学联合会便只能"萧规曹随"。

这儿提到了威廉的儿子,也就是说威廉最后结婚了,具体时间是1788年。就这点来说,当时并没有强有力的证据表明赫歇尔迫切需要一位妻子。不过,他对于婚姻的态度确实在变化,只是转变得有些太过突然了。

---

* 泰坦尼亚和奥伯龙分别是莎翁剧作《仲夏夜之梦》中的仙后和仙王。——译者

** 阿里尔和恩布里尔是蒲柏诗作《夺发记》中的角色。——译者

第八章

斯劳附近的小村里有个阿普顿教堂，这片教区的记录告诉我们，1788 年 11 月 30 日，威廉·赫歇尔和玛丽·皮特（Mary Pitt）在这个教堂里成婚。牧师汉德（Hand）主持了婚礼，卡罗琳· 赫歇尔和亚历山大·赫歇尔是见证人。约瑟夫·班克斯爵士担任伴郎；新娘的哥哥将她送至赫歇尔手中。

威廉与玛丽相识时，绝没有想到日后他们会成婚，因为当时后者已为人妻。她和丈夫约翰·皮特（John Pitt）都是赫歇尔兄妹的朋友，但约翰于 1786 年不幸离世，之后，威廉时常宽慰这位寡妇。帕本迪克夫人（就是那位对赫歇尔砍伐树木唏嘘不已的女士）写道，“玛丽很可怜，常常对我们抱怨，她的生活有多么无趣，而我们总是尽力让她高兴起来，赫歇尔先生也是如此。他常常会在傍晚与妹妹一起到玛丽家中做客，也常常邀请她去斯劳与他们一起共进晚餐。”帕本迪克夫人还狡黠地补充道，“朋友们很快发现，一颗地球上的星星迷住了赫歇尔先生。接着，他便向寡妇玛丽求婚，而后者也应允了。”

当时的皮特夫人从过世的丈夫那儿继承了一大笔遗产。不难想象，这个因素对威廉的决定可能或多或少地有些影响。“他的新婚妻子善良贤惠，同时也很有钱，”在某个茶话会上碰见了赫歇尔夫人的伯尼这般写道,"……而且,天文学家也和别的男人一样深刻了解,金子也能像星星一样闪闪发光。"帕本迪克夫人,这个有点长舌的妇人还报告说,当寡妇玛丽意识到婚后的大部分时间威廉会和卡罗琳一起待在斯劳,而不是和她一起待在阿普顿后,她又重新考虑了此事。最后,威廉和她达成婚前协议:卡罗琳不会和他们住在同一屋檐下,而是住在工作室那边的公寓里。玛丽这才答应了这桩婚事。"卡罗琳,"霍斯金评论道,"被牺牲了。"

很明显,卡罗琳视其为地位的沦丧,并且相当生气。多年以后,她销毁了威廉结婚后的10年间她所写下的日记。这大概是为了向家人掩饰,她在这段时间里究竟有多么愤怒。也正是在这10年里,她的侄子约翰·赫歇尔出生了,具体年份是1792年。根据朋友们的说法,约翰的降临使卡罗琳的态度有所软化,而嫂子对她也逐渐友善、关爱起来。另外,玛丽对天文一窍不通,完全帮不上什么忙。有一次,威廉让她帮忙抛光镜面,她彻底搞砸了。这也让卡罗琳宽心不少。

与此同时,在威廉的婚姻问题上,他的天文同僚分成了两派。沃森觉得他的这位朋友原先太疯狂了,希望婚姻能让他稍微缓缓。其他人则担心婚姻会让威廉分心过多。事实证明,沃森是对的:从威廉踏上英格兰土地的那一刻起,他就对天文极度狂热,但在玛丽的影响下,他失去了部分热情。威廉在工作时,仍会毫无保留地全身心投入,但结婚后,他第一次有了休息和休假,某些假期甚至长达数月。

然而,卡罗琳始终在幕后默默奉献:做观测、整理观测记录,以及其他一切维系事业运转所必需的工作。在这一时期,她与威廉之间的所有裂痕都使她愈加巩固了她个人在天文学上的地位。威廉成婚仅仅一月后,她便发现了第二颗彗星,并写信向马斯基林报告了此事,后者亲眼见到了这颗彗星后回信祝贺卡罗琳:"我不敢说有没有天文学家会对此激动万分,甚至想乘着彗尾一路从地表飞升到高高在上的星空。不过,亲爱的卡罗琳小姐,为了地球的天文事业,我希望您不要这么做,至少在朋友们准备好与您作伴之前不要如此。"

1790年1月,卡罗琳发现了她的第三颗彗星,接着又在同年4月发现了第四颗。当时,世界上大多数杰出的天文学家都曾到访达切特和斯劳,卡罗琳很好地接待了他们,并常常向他们通信汇报她独立作出的天文发现。那些杰出天文学家完全接纳了她,将其视为一位合格的同事,而不仅仅是其兄长的附庸。1791年,在卡罗琳发现了第五颗彗星之后,拉朗德提名她为一个奖项的候选人。该奖项由法国政府设立,主要表彰那些在科学或艺术领域取得了重大成就的人物。如果不是因为当时威廉也同为候选人的话,卡罗琳极有可能获奖。这种冲突肯定让拉朗德相当头痛。霍斯金对此事是这么描述的,"某天晚上,拉朗德与赫歇尔兄妹一同夜观星空。兄妹俩的表现令他大加赞赏,他甚至这么写道,'我和每个人都说,我还从未经历过这么惬意的夜晚,即便是与爱人共度的春宵,也没有这般美妙。'"

在1797年8月发现第八颗彗星后,卡罗琳想起了一次不愉快的经历:她曾写过一封信给马斯基林,却花了48小时才寄到。于是发现彗星的这天晚上,卡罗琳只睡了一个小时便跳上马背,骑行了四十多千米后抵达格林尼治,亲自把这颗彗星指给马斯基林看。遗憾的是,这是她的最后一个重大发现了,尽管当那些已知彗星运行到其扁长轨道的近日点时,她仍会继续观测。仅仅两个月后,卡罗琳决定搬出威廉的小屋,并在一位工人家里借宿。我们至今仍不知道她为何这么做。赫歇尔兄妹此后的不和记录都随着卡罗琳日记的销毁而不为人知。"后来,卡罗琳渐渐觉得,当时她与家人闹翻多少有些无理取闹。因此,她也不愿那些相关记录留存于世了,"这是霍斯金的解释。另外,他还提到,许多年后,当卡罗琳再次被问及此事的时候,她只是回答,"当时,我只是慢慢脱离了这个家庭圈子。"

尽管卡罗琳此后与家人和解,但她仍旧没有搬回去与他们同住,而是继续四处漂泊,不停搬家。比如,1799年,她搬离了那位工人的住所,转而搬到了一位裁缝的家中。数个月后,那个裁缝就破产了。随后,卡罗琳在日记中写道,"我发现我的财产放在新住所中并不安全。"

这是因为当地法官在处理裁缝破产一事时宣布，会将卡罗琳的资产一同抄没。最后，卡罗琳的东西都送到了嫂子家里的阁楼之上。她本人也应威廉的要求前往巴斯，后者刚在那儿买了一座新房，取代了自他们离开后亚历山大仍然留守的老房。“看来，我得去那儿了。”卡罗琳在日记里如此写道。霍斯金怀疑这句话里带着些愠怒，毕竟威廉的要求多少有些命令的成分。抵达巴斯后，卡罗琳在一位女仆的帮助下，将威廉的新房打理得井井有条。当亚历山大前往斯劳帮助威廉抛光40英尺望远镜的主镜时，卡罗琳并未一起前往，而是留在了家里。“他们不在的这段时间里，我有时会去亚历山大在玛格丽特山的新家，为他修理、清洁家具，好让他的房子能在他回来时变得舒服些。”10月下旬，卡罗琳又收到了一系列命令：“我收到消息，大约半个月后，斯劳的活儿需要我帮忙。”重返斯劳时，卡罗琳的外甥，音乐家格里斯巴赫也与她一起搬了进来。四个月后，她再次离开，从一位伐木工那儿租了一所查尔维村的房子。最后，在1803年，卡罗琳搬进了嫂子玛丽原先在阿普顿的房子，这一住就是7年。住在这儿不怕任何意外，十分稳定，同时也相当便利：房子就在斯劳附近，距工作地点也就八百来米。如果夜里天气意外放晴了，卡罗琳会去敲敲当地男孩家里的窗户，询问：“您能带我去我哥哥那儿吗？”接着，她便会在灯笼的掩映下被护送至斯劳。

虽然卡罗琳仍旧辅助威廉开展工作，但在发现最后一颗彗星后，她再也没有独立作出重大天文发现。即便如此，在未来的日子里，她还是会为天文学作出许多重要贡献。1797年末，卡罗琳完成了一项过去两年中一直在进行的工作，那就是修订弗拉姆斯蒂德的星表。在此前的70多年里，这份星表一直是观星者的标准参考。赫歇尔兄妹自己之前使用的也是这份星表，但在使用过程中他们发现，星表所列的近3000颗恒星中，有许多恒星的位置标注得并不准确，另外还有许多恒星的亮度与弗拉姆斯蒂德标明的大不相同。我们知道，有少数恒星的亮度确实会发生变化，还有少数恒星确实存在可测量的自行现象，但如果弗拉姆斯蒂德没错的话，那可以说，全天的恒星都在到处乱飞、忽明忽暗了——这显然和事实不符。早在卡罗琳接手这项工作之前，威廉就已经开始修订这位老一代皇家天文学家的错误了。“修订星表的工作耗费了我许多时间与精力，”他这么写道，接着又补充，可由于急需一份正确的星表，“于是，我建议妹妹卡罗琳接手这项艰巨的任务。”这项工作的成果，奠定了卡罗琳作为一个一丝不苟的、兢兢业业的信息整理者的美名。星表完成后，马斯基林及他的夫人邀请卡罗琳造访格林尼治，以示奖励，而且这位皇家天文学家认为这份星表相当重要，值得动用皇家学会的经费印刷出版。如此种种，都让卡罗琳心满意足。此外，马斯基林还向皇家天文台捐赠了一份由卡罗琳手批的弗拉姆斯蒂德星表原始副本。(“我的备注堪称**画龙点睛**，”卡罗琳骄傲地写道。)对卡罗琳，马斯基林赠送了一架小望远镜及一副双筒望远镜。卡罗琳则去信表达谢意，“您能觉得这份星表值得付梓，已经大大满足了我的虚荣心。我承认自己相当虚荣，因为我也不想与众不同。先生，相信您能理解，毕竟古往今来有哪个女人不虚荣的？——其实，男人又有哪个不虚荣的？区别只是，绅士们会为虚荣披上雄心壮志的外衣。”随后，卡罗琳又开始编制另一份星表。这份星表记录了威廉巡天计划发现的所有天体——总数是8760——以及这些天体的坐标，每个都是由卡罗琳亲手计算得出的。

完成第二份星表后，卡罗琳·赫歇尔不同寻常、不可思议的天文生涯实际上已经结束。如果说，是威廉的婚姻最终导致了这一后果的话——毫无疑问，这至少是相关原因之一——1789年初，宏伟的40英尺望远镜的竣工对兄妹二人而言，都是一种别样的失望。起初，这架硕大的仪器似乎证明了它配得上为之所花费的一切财力与物力。1789年8月，威廉在给班克斯的信中这样写道：

我很高兴地告诉您：这架机器的工作表现就如同我所预期的那样成功……我实在是迫不及待地想要用它观测星空了，所以我不会再去抛光镜面，哪怕这个工作才做了不到一半。通过对恒星的试验观测，我发现这架望远镜的成像,就如同我之前两年一直使用的那架20英尺望远镜那样先进。一旦我将它对准土星,便立刻看到了**土星的第六颗卫星**——直到现在,天文学家们还没能发现它。这可以说是这架望远镜强大功能的有力背书了。

两个月后,威廉再次写信给班克斯:"再次叨扰,我深表歉意。可我不得不再与您讨论一下上一封信中的内容。虽然我的40英尺反射望远镜能够轻松'捕获'土星的卫星,可要跟踪观测却颇有难度。土星第七颗卫星的出现更是让我彻底抓狂。我在上一封信中对它的夸耀有些名不副实。我相信,善良大度的您应当会原谅我。"

事实证明,观测到这两颗土星卫星,就是赫歇尔用这架40英尺望远镜作出的为数不多的几个发现之一——或者更准确地说,是为数不多的他归功于它的发现之一。事情的真相是,赫歇尔早就用20英尺望远镜看到了这两颗卫星,只是用这个口径更大的工具作个验证。然而,这个大家伙在使用上更为困难,而且能够获得的回报也完全抵不上付出。正如赫歇尔自己在1815年《哲学会刊》中承认的那样,"这架望远镜需要大量时间来做观测前的准备工作,但在适合天文观测的晴朗夜晚,时间相当宝贵,绝不可能浪费在器材准备上。此外,对这么一架无法快速适应周遭温度变化的望远镜来说,夜里的温度变化实在是太大、太快了些,所以我也没办法用它持续观测"。就最后一点来说,赫歇尔面对的是一个折磨天文学家时日已久的问题。一面大口径主镜的厚度必须足够高,这样才能保证它在自身重量的作用下,不会发生足以影响到观测效果的形变。然而,这么一大块金属与玻璃的混合物需要很长时间才能适应温度变化,就在它们不可避免的收缩与膨胀过程中,宝贵的夜晚观测时间也就这么过去一大半了。现代天文望远镜设计者主要通过下面这两个方法解决这个问题:一是使用可移动、可伸缩的调节器支撑相对较薄的镜面,保证其不会发生形变;二是用许多小块镜面拼接成一块大镜面,由计算机持续监控并调整每块小镜面以确保总体能形成一个完美的光学表面。

赫歇尔的40英尺望远镜饱受温度适应问题的困扰。同时,它那硕大的身躯实在太过笨重,不利于安装架设,也不利于指向不同天区。此外,赫歇尔为了提高镜面强度还在主镜制作过程中多加了些铜,这让它更容易失去光泽。理想状况下,每两年,他就需要重新抛光镜面。由于镜面实实在在地重达一吨,这项工程艰巨、困难,甚至有些危险。卡罗琳的某封信里就描述过这样的险情:"在将主镜从镜筒上取下的过程中,固定滑轮的横梁突然从中间折断,不过,幸好此前主镜已经下降到了接近基座的位置,我的两位哥哥这才惊险逃过被它砸中致死的厄运。"(当时,亚历山大也从巴斯赶来帮哥哥威廉的忙。每逢淡季有空时,他时常会这么做。)

其他天文学家也早已意识到这架40英尺天文望远镜非常失败,但赫歇尔仍不得不装出一副乔治国王的钱没有白花的样子。在今天,它被某位赫歇尔的传记作者称作"独一无二的大象一般笨拙的望远镜",而在当时,全欧洲的皇室成员却都慕名前来一窥究竟。因而,在望远镜建成后的30多年里,赫歇尔兄妹仍要时常忙于向他们展示这架望远镜的"强大功能"。在这段时间里,威廉断断续续地用这架40英尺望远镜作了些观测,但都收效甚微。在他逝世后,他的儿子约翰·赫歇尔(当时也已经是一位天文学家了)拆解了这架望远镜,并在镜身里举办了一场告别仪式。尽管如此,在拆除之前,这架望远镜仍是一个宏伟的地标,连英国地形测量局也在温莎地区的地图上特地标注了它的位置。它也理所当然地被吹捧为当时世界的奇观之一。美国最高法院大法官、著名法学家小奥利弗·温德尔·霍姆斯(Oliver Wendell Holmes Jr.)的父亲,诗人老奥利弗·温德尔·霍姆斯(Oliver Wendell Holmes Sr.)在他的作品《早餐桌边的诗人》(*The Poet at the Breakfast Table*)一书中这样描绘他在乘坐马车从伦敦前往温莎途中,见到这架望远镜时的场景:

那儿到处都是横七竖八的柱子、横杆、梯子以及绳索，中间架着一根巨大的管子，看上去就像是一门大炮。用弥尔顿（John Milton）的说法就是，反叛的天使篡逆地将偌大的炮口对准天空，好像是要轰击天堂的城墙一般。“为什么这么想！你这个唠叨的、天杀的老东西，”我在心里自言自语，“我可是像了解父亲的眼镜及鼻烟壶那样了解你。”最后，记忆，这个极聪慧又极愚蠢的疯狂巫师，一瞬间就穿行了大约三万五千英里，径直来到了一所老房子、一座老图书馆的角落里，翻开了一卷古老的百科全书，上面有一张此地原来的照片——哦，原来那是威廉·赫歇尔爵士的大望远镜啊！

第九章

40 英尺望远镜的失败以及婚姻的掣肘削弱了赫歇尔探寻宇宙奥秘的热情,但即便如此,他仍是一位极有创造力的科学家。比如,1800年,赫歇尔提交了一项实验的结果,该成果本身就足以让他跻身史上最重要的科学家之列。当时,他正在研究太阳的性质。要想长时间连续观测太阳,赫歇尔就必须想办法减弱日光,为此,他试验了许多种滤光器。最终确定的解决方案是将墨汁兑水注入透明玻璃容器中,然后透过容器观测太阳。不过,在实验过程中,他还测试了各种颜色的有色玻璃。在此期间,赫歇尔注意到,脸上感受到的热量与玻璃的颜色关系更大,而不是阳光的强度。他很好奇,颜色与热量之间有什么关系呢?于是,赫歇尔便设计了一个简单的实验来考察这个现象。他让光束穿过棱镜,这样光束就被完全分解成了可见光波段的彩虹式光谱。接着,赫歇尔在不同颜色的分光路径上各放置了一个温度计,以此来测试各种颜色光的加热效应。结果发现,紫光的加热效应最弱,红光最强。得出这个结论后,别人可能会就此结束实验,可赫歇尔还是继续了。他将温度计微微移出紫光波段,发现温度一点儿也不升高。然后,他又把温度计微微移出红光波段,结果发现,虽然此刻温度计所在区域根本看不到光,加热效应却比红光还要强。

"这个实验证明……"赫歇尔在他提交给皇家学会的报告中这样写道,"阳光中有一部分射线的折射性要比所有可见光波段的光线弱[也就是说,在透过玻璃时,不易发生折射]。这些射线加热物体的能力很强,却没有照明物体的能力。这也就解释了为何这些射线迄今为止都未被注意到。"那么,不可见是否意味着这些射线在本质上与可见光不同?赫歇尔在论文的后续部分提出了这个问题,并且认为:

> 如果某些效应可以用同一种机制来解释的话,哲学思辨原则不允许我们画蛇添足地用两种不同机制去解释……我们只能承认,人类视觉器官的构造,让那些可被棱镜分解成光谱的太阳射线能以不同颜色的光的形式呈现在我们面前。而其余的那些人眼所不能看到的太阳射线也同样能与眼睛,能与人体的其他任何部分发生作用,只不过是以一种热的形式。

赫歇尔在1800年提交的这篇题为《有关太阳不可见射线折射性的一些实验》(Experiments on the Refrangibility of the invisible Rays of the Sun)的论文,宣告了红外辐射的发现,当时,赫歇尔给它起的名字是"发热的射线"(calorific rays)。论文提交后,赫歇尔接着又做了一系列详尽的实验,他证明,地球上的物体,如蜡烛、炭火及炽热的铁块等发出的这种"发热的射线",与太阳发出的性质相同。

这首次证明,光可以以一种对我们不可见的形式存在。[不过,第二次证明很快就来了:次年,德国化学家里特尔(Johann Wilhelm Ritter)证明,光谱紫色端之外的光线,也就是我们现在熟知的紫外光,极易使浸泡在氯化银中的纸张变暗。]从那之后,红外辐射被充分开发,应用广泛,比如,制造夜视仪、发射电视遥控器信号、搜寻偷偷种植的大麻、重现死海古卷等古老文件上褪色的墨迹,等等。红外线不易穿透二氧化碳这样的气体,这就使得太阳投射到地球上的辐射不易返回宇宙空间。这一部分困在地球上的热量,是如今全球变暖的重要因素。颊窝毒蛇、响尾蛇、吸血蝙蝠等动物可以感知红外辐射,这对它们定位猎物大有帮助。在天文学中,红外辐射常常用于探测已知宇宙边缘的星系及原恒星周围生成行星的尘埃盘。红外观测在现代天文学研究中地位相当重要,即将在几年后接替哈勃空间望远镜的韦布空间望远镜(James Webb Space Telescope,JWST)的主要工作波段就是赫歇尔所说的"发热的射线"所处的波段,而不是传统的可见光波段。

赫歇尔的这篇以红外线为主题的论文,结论非常正确。但他还有三篇涉及颜色*的论文却都错得离谱。早在1675年,牛顿就发现了一个现象:将一块凸透镜放在一块玻璃平板上,通过这个组合体观察,便能看到一组同心的彩色圆环。对此,牛顿的解释是,这个玻璃组合体交替吸收并透射了光粒子。事实证明,他错了。主要原因是,其理论基础"光的粒子说"并不正确,或者说并不完备:在20世纪头几十年建立起来的量子力学告诉我们,光同时具有粒子性和波动性。至于观测者能看到什么性质,就和他或她设计的实验有关了。这只是引发物理学家费恩曼(Richard Feynman)那句嘲讽"别问为什么是这样。没人知道为什么是这样。"的典型悖论之一。事实就是那样,这已被无数次证明了。无论如何,牛顿的实验表现的绝不是光的粒子性。

1801年,托马斯·杨(Thomas Young)向皇家学会提交了一篇论文,指出牛顿发现的这些同心环实际上是干涉图像。他相信,光是一种波——用他的话说,光有"波列和波形"——并且正如池塘里的涟漪那样,随着位置的变化,有时可以相互叠加,有时则会相互抵消。因此,光经过凸透镜加平面镜这个组合的折射,有些颜色因叠加而显现,有些则因抵消而消失。和牛顿一样,在光的基本性质一事上,杨也只对了一半,但在牛顿环的问题上,他是正确的。

赫歇尔当时很可能并不了解杨的观点(直到1815年,杨的观点才受到重视),他就"颜色的干涉分离"问题提出了自己的解释。这个理

* 也即光的波长。——译者

论错得如此离谱,根本不值得花时间阐述。而且,连赫歇尔的朋友们都觉得他错了。班克斯叹息道,

> 皇家学会出版委员会的那些精通光学实验的成员反馈给我的意见令我相当痛苦。他们一致认为,你在实验过程中有些自欺欺人了,因而最后得出了不正确的结论……经过多次讨论之后,委员会决定推迟作出决断的时间[决定是否接受赫歇尔的这篇论文]。与此同时,委员会希望,在下次会议召开之时,你能来伦敦与朋友们好好讨论一下你这篇复杂、深奥的论文,互相交流、参考一下各自的观点。

最终,赫歇尔与委员会进行了会面,拿出了他最有力的论据,但没能说服任何人。不过,由于赫歇尔声名显赫,这篇论文仍旧获准发表。"你的论文获准发表了,"班克斯写道,"我相信是全票通过。我是多么希望,委员会成员的投票是真心支持你的论断啊。现在,我想听你告诉我,"他满怀希望地补充道,"你已将论点修改得无懈可击了。那样我会很高兴的。"多年后,传闻约翰·赫歇尔表示,后来他父亲很后悔匆匆忙忙地发表了这些不成熟的半吊子理论。结果,当时的人们普遍相信,约翰不想让这些理论出现在任何一部威廉的论文集里。然而,1912年出版的最终版论文集,并没有满足他的这个愿望。在《威廉·赫歇尔科学论文集》(*Collected Scientific Papers of William Herschel*)的威廉生平介绍中,德雷尔(J. L. E. Dreyer)这样评价:"这是唯一一次,威廉·赫歇尔就重要研究对象发表的论文,没能提出足以影响科学发展趋势的观点。这表明,他的思维没有意识到自身的局限。不过,正是这种特质激励着赫歇尔大胆提出对星空结构的一系列超前观点。而他的这些天文学观点,在发表后的一个世纪里一直占据主流地位。在那种情况下,稍微谨慎一点的人,都会觉得这个关于光的基本性质的问题超出了自己的能力范围,因而不作一言。"

赫歇尔思维活跃、大胆,这点德雷尔说得很对,但是,说这篇论文是

赫歇尔唯一一篇不知所云的论文，也许不那么准确。他对太阳的一系列观测（也正是这些观测让他首次思考了光的性质）最终形成了两篇专题论文。只可惜，这两篇论文不仅错误，而且简直荒谬。这儿的问题是，赫歇尔开展的太阳研究的基础假设就有缺陷。从他当初踏入天文领域开始，赫歇尔就确信，上帝从不会无缘无故地在创造宇宙的过程中偷工减料。也就是说，神肯定不会自找麻烦地只创造行星，却不在上面播撒人口。在赫歇尔那个时代，这样的想法最多也就是被认为古怪。这一点，他试图在关于月球环形山的论文中插入月球生命的内容时，就意识到了。现在，在赫歇尔的客观观测以及他的主观推演和类比的共同作用下，他这样总结："太阳……无非就是个非常重要的、硕大明亮的行星。显然，它就是我们这个系统的第一行星，或者，更严谨地说，是我们这个系统中最重要的行星，其他的一切都得靠边站。它与太阳系其他行星的相似性……让我们不禁猜测，太阳上也与别的行星一样，栖息着生命。而这些生命，一定已经在器官等各方面适应了这个庞大星球的特殊环境。"先抛开其中的臆想、编造部分不谈，赫歇尔至少意识到了：一颗能在1.5亿千米之外加热其他行星的星球，其上的环境条件恐怕连想象中的"太阳居民"都难以承受。对此，他的结论是：我们所见的太阳光，实际上是环绕太阳的一层发光云层发出的。发光云层之下，还有一层暗云层阻挡着热量，以免真正的、温度适宜的太阳表面遭受烘烤。太阳地表之上，有山脉，有峡谷，而且很可能也有河流和海洋。赫歇尔还声称，太阳黑子实际上就是明亮的发光云层中的一些小间隙，这让我们得以偶尔窥见下方暗云层的部分样貌。

上述最后一个观点并非赫歇尔原创，而他本人也因没有注明出处而饱受责备。当时，太阳黑子的性质以及太阳本身的性质，是数十年来天文学家一直在深思的大问题。就在赫歇尔发表这篇论文的25年前，格拉斯哥大学教授亚历山大·威尔逊（Alexander Wilson）就研究了一块特别巨大的太阳黑子，并得出结论：这是太阳表面的一个间隙，向我们展示了其下黑暗且呈固态的另一层表面。拉朗德的观点恰恰相反，他认为,太阳黑子是太阳发光的大气表面高高突起的山脉。赫歇尔发表这篇论文的时候,威尔逊已经去世了,但他的儿子帕特里克(Patrick Wilson)继承了他的天文学教授职位,他同时也是赫歇尔的一位朋友。这篇新论文甫一发表,帕特里克就写信责备赫歇尔。后者的答复十分友善,他表示,看到已故老教授的论文时为时已晚,自己的论文已经发表,并公开宣称老威尔逊的观测就是太阳黑子性质的"一份明显的证据"。赫歇尔还为自己没有早点了解老威尔逊的工作而请求帕特里克的原谅。

整个 18 世纪 90 年代以及 19 世纪初,赫歇尔都在继续观测太阳并提出相关理论。除了推进"太阳居民"理论以外,他还得出了一些正确且深刻的有关太阳的结论。其一是,太阳有时发出的热量多,有时发出的热量少,并非一成不变,其变化与太阳黑子的活动有关。他在 1801 年发表的有关太阳实质是行星的论文,就详细地提出了这些有关太阳黑子的观点,同时还以博物学方式罗列出了各种类型的太阳黑子。(论文中这部分的标题描述得都相当生动,比如"透过上方发光的亮桥和浅滩,下方的缝隙清晰可见*""有些正在缩小的缝隙往往会形成巨大的凹陷"以及"浅滩上没有任何波纹,却是呈簇状的"。)赫歇尔相信,太阳黑子越大越多,它们周围的"云"就越明亮,因此,太阳释放的热量也就越多。当时的测量工具根本无法准确测出太阳究竟释放了多少热量,但赫歇尔仍旧找到了一个聪明的办法来验证他的理论。他注意到,18 世纪 90 年代后半段,太阳黑子的数量几乎锐减为零。赫歇尔怀疑其数量变化存在周期性,便查阅了相关历史记录。他在 1801 年确定无疑地写道,"有关太阳黑子消失的历史记录存在 5 个相当不规则和不均等的周期。"如果他是对的,那么在最早 1650 年开始的这些周期之内,地球温度应该比平均水平高。由于当时没有任何关于全球温度的

---

* 亮桥(bridge)是横跨黑子本影的亮带;浅滩(shallow)或许指的是黑子半影;缝隙(opening)即黑子本影。——译者

准确历史记录,赫歇尔参考了一个相关因素:小麦的价格,这项数据是有多年历史记录的。他指出,倘若某个周期内温度变高,那么农户便没法维持小麦产量,最后小麦必然减产并导致价格升高。果然,历史数据与赫歇尔的猜测相符。

然而,赫歇尔的这个想法并没有为时人普遍接受。《赫歇尔年表》(*The Herschel Chronicle*)引用了当时《爱丁堡评论》(*Edinburgh Review*)上的一篇文章。这篇文章控诉赫歇尔"无论他在天文观测领域的地位有多高,他文笔上的缺陷真是独此一家——叙述冗长而啰嗦,论证松散不严谨,缺乏哲学反思,完全无法体现科学价值"。该文章的作者布鲁厄姆(Brougham)先生,对赫歇尔的新想法充满了恶言恶语:"对于赫歇尔先生之前关于太阳性质所作的种种猜想,我们也有许多相似的反对意见,并且他的这些理论也因为连他自己都承认的极度荒谬而不攻自破。现在,他又提出了有关太阳黑子对谷物价格影响的草率而错误的理论。从《格列佛游记》出版以来,我还从未见过这么荒唐的想法。"时至今日,这个理论仍尚存争议,但无论如何不再被认为是疯狂了。事实证明,太阳黑子活动的高峰期确实与太阳释放能量的高峰期相吻合。尽管尚未确证,但赫歇尔的这个太阳能释放高峰期影响地球气候的想法确实存在可能。我们可以确定的是,赫歇尔掩藏在结论之下的逻辑过程——通过相关参数测量推测过去的温度变化——就像他做的许多事一样,相当符合现代科学的思考方法。如今,气候学家通常通过以下几种方式推测过去几千年甚至几十万年的全球温度:一是观察树木年轮;二是考察花粉粒;三是测算格陵兰岛大冰原蕴含的古老大气气泡里气体的碳同位素比例。

发现天王星的卫星和土星的卫星,提出关于太阳性质的想法,这都反映了赫歇尔在长时间集中精力探索深空后,对天文学始终不渝的兴趣有了新的变化。在1789—1794年间,他发表了数篇论文。这几篇论文不仅一丝不苟地记载了土星第六、第七颗卫星的发现,也同样详细记录了关于土星的其他几颗卫星、土星环及土星自身的一些新发现。通过跟踪观测明亮的土星斑及其他土星表面特征的行进，赫歇尔得出结论：土星的自转周期为10小时16分。这个结果只比现代天文学家测得的准确时间少了31分钟。* 考虑到赫歇尔时代技术手段的匮乏与落后，他能作出如此准确的测算着实令人惊奇。此外，在20世纪70年代后期空间探测器飞掠土星之前，也没人能对这个测量结果作出实质上的改进。赫歇尔还注意到，土星两极看上去似乎稍扁平些，这让他得出结论——而且，又对了——土星的大气应该相当厚实，且由于受到自转的影响而变形，固态的表面绝对不会如此。另外，赫歇尔在观测土卫八的亮度变化后断定，和月球与地球之间的关系一样，土卫八也与土星形成了潮汐锁定现象，因而总是以相同一面朝向土星。当他将20英尺望远镜转向木星后，赫歇尔又断定，木星的四颗伽利略卫星（木卫一、木卫二、木卫三和木卫四）同样被潮汐锁定了。他还通过亮度比较，准确地确定了这四颗卫星的相对大小。另外，赫歇尔又正确地推断出，木星上的有色带纹有力证明了其上层大气存在盛行风。

赫歇尔对火星这颗比木星更靠近太阳的行星的观测，前文已经提及了。不过，这颗行星还有一个问题尚待解决：原则上说，火星与木星之间似乎应该还有一颗行星。至少，根据所谓的"提丢斯—波得定则"，情况就应该是这样。1766年，德国天文学家提丢斯（Johann Titius）提出了这个理论，随后波得又在1772年将其归纳成型——此人随后还给天王星取了名字"Uranus"，并一直沿用至今。提丢斯注意到，当时已知行星间的距离很有规律，并推导出了一个相关公式。该公式相当完美地契合了六大行星（当时天王星和海王星尚未发现）的分布，但它表明火星与木星轨道之间应该还存在一颗行星，可那儿明显没有。因此，时人更多地将这个定则视为趣谈，而非一个预测工具——直到赫歇尔发现了天王星，它也与这个定则相当契合。于是，天文学家意识到

---

* 土星的自转周期究竟是多少尚存争议，2004年"卡西尼"探测器测量结果为10小时45分45秒（误差±36秒）；2007年综合多个探测器测量结果估测为10小时32分35秒。——译者

这不可能只是巧合，便开始认真对待火星与木星之间那颗“消失的行星”。1800年，德国天文学家冯·察赫组织了一支天文学“国际纵队”搜寻这颗可能存在的行星。次年初，意大利天文学家皮亚齐(Giuseppe Piazzi)——他并非冯·察赫这支国际纵队的成员——在提丢斯—波得定则预测的区域发现了一个天体。“今年1月1日，”皮亚齐在9个月后给赫歇尔的去信中这样写道，“我发现了一个天体，从其轨道运动上看，很像是一颗行星……我非常希望您能观测一下。”赫歇尔回信说，他努力尝试了，但糟糕的天气没能让他观测到皮亚齐所说的天体。在新天体的命名问题上，皮亚齐可能自己也不确定究竟是赫歇尔对天王星那种精明的命名方式合适，还是波得那种功利意味淡薄许多的命名方式合适。于是，他采用了一个折中的方案。他提议将这个新天体命名为“Ceres Ferdinandea”。这个名字的前半部分指的是罗马神话中的丰收女神，而后半部分指的是西西里的费迪南国王。可以预见的是，当时的天文学团体采纳了这个名字的前半部分*。1802年，德国天文学家奥伯斯(Heinrich Olbers)又在几乎相同的轨道区域内发现了第二个新天体，他将其命名为“Pallas”(智神星)。

这两个天体比已知的任何一颗行星都要小得多，不过，无论如何，提丢斯—波得定则还是因此得到了一定程度上的证明——至少在当时确实如此。(1846年海王星的发现颠覆了这个定则，这颗行星的位置根本不在该定则预测的位置上。)然而，当时天文学家面对的问题是，如何给这些新天体分类。这个难题也为如今对冥王星的分类争论埋下了伏笔——巧合的是，2006年的这场冥王星分类讨论同样也涉及了谷神星和智神星。其实，天文学家对冥王星性质的争议，至少可以追溯到20世纪80年代中期，但在2006年的夏天，这场大争论走出了天文台和科学期刊，登上了各大新闻媒体的首页。也是从那时起，理论天文学家们越发相信，在海王星轨道之外，有一片巨大的、由冰状天体组成的

* 也即我们今天所熟知的谷神星。——译者

盘状云,也在环绕太阳运行。这片区域就是“柯伊伯带”(Kuiper Belt)。柯伊伯带内的天体在非常罕见的情况下,会变成一颗彗星,突然进入奔向太阳的极扁长轨道。不过,大多数柯伊伯带天体——数量可能要以十亿计甚至万亿计——总是待在原地不动的。

冥王星的问题是,相较其他行星,它更像是一个柯伊伯带天体。事实上,冥王星和别的行星一点儿也不像:体型小得多而且主要由冰构成,既不是岩石(类地行星),也不是气体(类木行星)。另外,尽管冥王星比大多数柯伊伯带天体大得多,但它们的构成十分相像。1992 年,天文学家正式确认了第一颗柯伊伯带天体。不出人们所料,它比冥王星小得多,但在其认证过程中,突出了行星的分类问题。2000 年的时候,魅力四射的新任纽约海登天文馆馆长泰森(Neil deGrasse Tyson)承认,正在讨论是否要将冥王星移出行星展区。参观者们对此相当不快。*

与此同时,天文学家借助红外望远镜又发现了几个柯伊伯带天体。2005 年,加州理工学院的布朗(Michael Brown)的发现彻底激化了冥王星的问题。这个天体,现在叫作“Eris”(阋神星)——巧妙地借用了希腊神话中纠纷与不和女神厄里斯的名字**——实际上要比冥王星,这个当时的第九大行星大一些。*** 霎时间,国际天文学联合会就必须直面分类命名一事了。当然,也可以仍将冥王星归为行星,而无视其他体积稍小些的天体。尽管这不是特别合理,但也还是可行的。这么一来,有些稍小些的天体就无缘行星行列了,比如,赛德娜(Sedna)这个以因纽特神话中海神的名字命名的天体,还有夸奥尔(Quaoar)这个以美国土著通瓦部落口中创造之神的名字命名的天体。这两者的发现比阋神

* 冥王星是由美国人汤博发现的,因此,美国大众对冥王星被踢出行星行列相当不悦。——译者

** 中文译名选用的“阋”字就有不和、争吵的意思,如成语“兄弟阋墙”,生动地说明阋神星的发现动摇了冥王星的地位。——译者

*** 后续的探测证明这两者的体积大致相当,阋神星似乎还是要稍小些,但无论如何也已足够撼动冥王星的行星地位了。——译者

星早两年,体积大概是冥王星的一半。不过,仍坚持冥王星为行星,却拒绝将更大的阋神星也纳入行星的行列,就完全不合道理了。另外,很有可能还有其他一些比冥王星大的天体尚待发现。

于是,在2006年的夏天,国际天文学联合会作出决定并宣布:行星,是指那些自身引力足以将自己塑造成球形且并未环绕其他行星运动的天体。根据这个标准,冥王星仍旧在行星之列,阋神星也将归为行星。不过,皮亚齐在1801年发现的球形天体谷神星同样符合标准。此外,智神星、婚神星(Juno)、灶神星(Vesta)、赛德娜、夸奥尔及其他一些天体也同样可能符合标准。这么一来,行星的名单可能会长得根本记不住,更不用说联合会成员普遍反感这个决定。于是,国际天文学联合会在数日之内就废弃了这个新定义。后来提出的第二种定义增加了一条标准,行星必须能够"清空其轨道附近区域"。换句话说,行星自身的质量、体积必须足够大,这样其引力才足以将其轨道附近的其他天体清空——要做到这一点,它必须显著大于附近区域内的其他天体。如此一来,冥王星的行星地位便保不住了,而阋神星及其他柯伊伯带天体也无缘成为行星。它们的大小太过接近,无法认为它们清空了其轨道附近区域。而谷神星及其他火星与木星轨道之间的天体也同样因为轨道及大小太过接近而无法列为行星。结果,这些天体与冥王星一道,被归为"矮行星"。* 当年在布拉格举行的国际天文学联合会年会上,该定义获得多数投票而批准使用。然而,投票当天,参会的大部分天文学家已经离去,因此,这个定义能够使用多久尚不明确。许多天文学家并不喜欢这个定义,甚至立誓终身不用,并且计划尽快重新讨论此事。

在19世纪初,一场几乎相同的大争论,也在谷神星及其姐妹天体的发现后诞生了。赫歇尔测量了谷神星和智神星的直径,分别是261千米及237千米。这个结果大概只是正确数据的三分之一,但无论如何,要想成为行星,它们还是太小了。1802年,赫歇尔写信向沃森解释

* 其实火星与木星之间小行星带上的矮行星只有谷神星。——译者

了这个问题:

> 相信你已经知晓了,我们最近发现了两个新**天体**。现在,我想告诉你的是,对我来说,要称这两个东西为行星,比称**剃刀为餐刀**,称**杀猪刀为战斧**之类的,还要令我难受。它们确实环绕着太阳运行,可彗星也是这样啊。它们的轨道确实是椭圆,但我们知道有些彗星的轨道也是如此。然而,它们和行星的不同之处在于:实在是太小了,无论怎么比较,都要比行星小得多……它们中最大的一个(现在估计**只有我俩知道**),直径也不到400英里。而且在数小时后我将会得知它也许还会更小,但我实在等不及要给你写信了。现在,我们已经拥有了行星、彗星、卫星这样的分类、命名,请帮助我能尽快想出另一个有品位的正式名字。

一个月后,赫歇尔在提交给皇家学会的论文里给出了自己的命名建议:称这些新天体为"小行星"(asteroid)。起初,这个提议并未被采纳。那个嘲笑赫歇尔太阳黑子理论的布鲁厄姆先生再次讽刺说,"最重要的是,赫歇尔先生现在无所事事,已经钟情于发明新名称这样的事儿了。"其他人对这个创新名词的反对意见则要合理一些。反对者的主要理由是,赫歇尔把这两个天体估算得太小了。举个例子,德国天文学家施勒特尔(Johann Schröter)测得谷神星的直径应该超过2500千米,换句话说,其大小大概是水星的一半。反对者的另一点理由是,既然提丢斯—波得定则预测这块区域内应该有行星,而这些天体又确实是在该定则预测的区域内发现的,那它们显然就是行星。主流观点就这么一直错到了19世纪后半叶。当时,越来越多类似的天体被发现,数目实在太过巨大(如今,天文学家已经发现了成千上万颗小行星,不过,最大的还是谷神星)。于是,这些天体就如同2006年的冥王星一样,出于同样的理由,惨遭降级。也就是从那时起,威廉·赫歇尔为它们创造的词汇开始被广泛使用:现在的人们这样总结,智神星、婚神星及当时发现的其他一些天体是块头最大的小行星。

至于这些天体的起源问题,赫歇尔倒是一反常态地保持沉默。不过,这次奥伯斯有了想法。他在给赫歇尔的去信中写道,这些天体的特点:

让我产生了一个想法,只是我还不敢将其作为一个假说提出。我很想听听您对这个想法的意见,对我来说,您的意见非常重要。我秘密告诉您这个想法。有没有可能,谷神星和智神星其实只是一对碎片,它们原本是一颗较大行星的一部分。正是这颗行星原先占据着火星与木星之间的那个特定的地方,并且大小也与其他行星相仿。也许在数百万年前,这颗行星与彗星相撞,或是内部发生爆炸,最后四分五裂,留下了这些碎片?

尽管现在仍有一些边缘科学家坚持这个观点,但从物理角度上讲,这种情况出现的可能性极低。现代主流行星科学家提出了一个更为合理的解释:木星的巨大引力阻断了行星形成的正常进程。太阳系起源于一团由尘埃和气体组成的盘状云。在演化过程中,尘埃逐渐聚集到一起,并形成越来越大的物质团块,其中有些最后变成像月球那么大的天体。接着,这些物质团块又会相互碰撞,在不断的破碎、重组过程中,形成几个在大小上有绝对优势的球体。从这一刻起,这些硕大的球体便会直接吸收附近区域内的尘埃和气体,不再会屈尊通过碰撞重组的方式增大自己的体积和质量。离太阳较近的四颗行星主要由岩石构成,较远的四颗行星则吸纳了剩下的气体,因而形成了气态巨行星。然而,在这两种行星的交界地带,木星这个仍在不断膨胀的庞然大物,用其巨大的引力将这一区域内的小块物质清除了出去,它们或是飞向了深空,或是径直奔向了太阳,而剩下的物质则不足以形成另外一颗行星。小行星很可能——尽管不是百分之百地肯定——就是木星发起的这场清理运动的幸存者。

虽然赫歇尔稍微“偏题”了,去探索了一下太阳系的奥秘,并研究了一些基础物理的问题,但是他从未放弃探究广阔宇宙奥秘的个人理想。18 世纪 90 年代末,他已经开始怀疑自己作出的那个所有恒星都具有相似的内禀亮度的简单假设了。如果,事情真的像哈雷假设的,同时也是赫歇尔本人相信的那样,恒星确实平摊式地均匀分布在整个宇宙中,那么,由于恒星星光必然以简单的几何级数而减弱,他观测到的暗星理应比亮星更多,那些极昏暗的星就应该更多了。这是因为,距离越远,假想的天球球面也就越大,包含的恒星也越多。当赫歇尔在 1796 年漫不经心地第一次试图解释这个问题时,他发现暗星的数量没有预测的多。1800 年,他又做了一次统计,结果还是一样出错。终于,在 1817 年,赫歇尔忍着病痛,开展了一系列严谨的统计工作,可结果丝毫没有改变。他使用的星表是波得编制的,指出了 6000 多颗六等星(六等星是人类裸眼观测的极限,出于历史原因,星等数字越大,恒星就越暗)。可按照赫歇尔自己的模型预测,六等星的数量不会超过 900。

这个问题让赫歇尔又回到了星云问题上。早在 18 世纪 80 年代末,他就赞同星云就是恒星集合的观点,但看到一些新迹象后,他又放弃了这个观点。尽管如此,他仍旧确信,恒星与星云之间的联系十分紧密——他认为,它们以某种未知的方式代表了天体的不同演化阶段。最终,赫歇尔分别在 1811 年和 1814 年的两篇论文里,发表了他对于这个问题的综合看法,而且从本质上说,这个观点与他四分之一个世纪前得出的结论相背。首先,他承认了他原先的那个恒星均匀分布在宇宙中的假设是不正确的。他所发现的所有球状星团都位于半个天空内。如今,我们知道这是因为这些球状星团都环绕着银河系核心运动,而我们的太阳系却是向外朝着银河系的一侧边缘。* 赫歇尔可以肯定的一点是,倘若恒星真是均匀分布的,那么如此极不对称的现象绝不会出

* 作者的这段说明没有切中要害。更本质的原因在于,这些球状星团对银河系中心呈球对称分布,而我们的太阳系位于距银河系中心较远的一侧。——译者

现。

除此之外，早在1791年就承认过"真正的星云物质"确实存在之后，他又重新考察了这个观点——这次得到的结论与他原来的假设完全相反。他认为，虽然有些星云的确是恒星的集合，但大部分星云其实是发光流体构成的团块，它们正在逐渐聚集形成恒星。在这一点上，赫歇尔可能是从真实且正确的观测结果出发却得出了错误的结论。正如德雷尔在他对赫歇尔的科学论文所作的注解中指出的那样，星系的照片非常容易使人误解。星系的外部边缘，包括可能存在的旋臂结构，非常昏暗，即便用大口径望远镜也不可能看清楚。星系的这些现代天文学图像，实际上是通过长时间曝光得到的，这项技术能使星系昏暗的边缘区域显现，并让它们看上去比实际能看到的更亮。赫歇尔在观测仙女座星系时，看到的只能是一片模糊以及一个亮得多的核心。因此，确实很容易将其误认为一片中心正在形成恒星的星云。不过，正如德雷尔指出的那样，"公正地说，赫歇尔可能是第一个发现（我们现在应该这么说）许多星系含有恒星状的明亮核心的人"。

第十章

乔治国王的慷慨让威廉可以放弃音乐工作,转而全身心投入天文事业。玛丽的财富则让他得以放弃天文工作中那些琐碎费力的事务,省下时间享受家庭之乐,其中包括长时间的旅行。威廉、玛丽及他们的儿子约翰,经常与玛丽的侄女鲍德温(Sophia Baldwin)一起从斯劳出发远行。1792 年,一位名叫科马泽斯基(Komarzewski)的波兰将军——这位朋友和赫歇尔一样,都对大自然和功能强大的器械相当感兴趣——与威廉一家一同旅行。有关这场旅行的记载非常详细。当时英格兰刚刚开始工业革命,他们一行人的目标便是这些正在工业化的城市。旅行的第一站是考文垂的一家纺纱厂,接着他们又前往伯明翰,花了三天时间参观生产瓦特式蒸汽机的私人机器制造厂——正是这种机器使得工业革命成为可能。晚餐期间,瓦特(James Watt)与赫歇尔一家相谈甚欢,后来,他也不止一次前往斯劳造访后者。赫歇尔一行在大伯明翰地区待了两周多,期间参观了各类钢铁厂。随后,他们又前往曼彻斯特看了看棉花厂和玻璃厂。最后,赫歇尔一家抵达了格拉斯哥。根据德雷尔的描述,当时“格拉斯哥市政府和格拉斯哥大学正抢着给造访当地的杰出人士授予荣誉头衔”,后者授予了赫歇尔名誉法学博士的头衔,并在几个月后便送去了用鹰毛笔签署的正式文凭。赫歇尔一家在此逗留了一段时间，拜访了因探寻尼罗河源头而闻名的“埃塞俄比亚旅行者”布鲁斯(James Bruce)。此后，他们再次启程前往爱丁堡，继续观光旅行，同时也受到了诸多款待(这次赫歇尔倒没有被授予什么学位，因为早在1786年，爱丁堡大学就授予了他名誉法学博士的头衔)。在返回南方的途中，他们顺道去了达勒姆，赫歇尔在那儿重新联系上了他到英格兰的第一年结识的那些朋友。他们还去桑希尔彬彬有礼地造访了米歇尔家。“我们看到了米歇尔先生的望远镜，”赫歇尔在他的日记中写道，“望远镜架在赤道式基座上，后头没有任何遮盖。我把手伸到靠近望远镜的位置，发现物镜表面相当潮湿，连我的手指都被润湿了[这可不是什么好事儿]。显然，米歇尔先生根本不关心自己的健康问题。”(次年，米歇尔就去世了，之后赫歇尔便以“30英镑”的价格买下了他的望远镜。由于当时反射镜已经破碎了，德雷尔推测赫歇尔此举实际上是为了能够拆下赤道式基座，加以利用。)赫歇尔回到家里时，笔记本上已满是他在旅途中方方面面的观察以及他特地考察的工业机器，后者还配上了他精致的手绘图。三天后，他和科马泽斯基再次出发，这次的目的地是康沃尔郡和德文郡。

1802年夏天，赫歇尔一家又和科马泽斯基一道去了巴黎。因为此前的几十年间，英国与法国一直处在交战状态，所以这样的旅行在之前是难以成行的。这一年早些时候两国签订的《亚眠和约》让局势暂时稳定了下来(尽管并未持续很久)。这一次，赫歇尔没有参观任何工厂，而是造访了许多天文台，也遇到了许多法国同行。7月25日，他们首先参观了一架建造中的望远镜，建造者名叫卡洛歇(Carrochet)。“这架大望远镜尚未完工，”赫歇尔在日记中写道，“但它的设计实在是糟透了……我相信建成后，它绝无可能观测到天体。”7月30日，与赫歇尔共进早餐的是“元老院议员拉普拉斯先生。而她的夫人则在床上作陪，这点对我这种不习惯如此的人来说，确实令人印象深刻。不过，拉普拉斯夫人很文雅，见识广博”。对于几年前出版的拉普拉斯的著作《天体力学》(*Celestial Mechanics*)，拿破仑·波拿巴(Napoleon Bonaparte)因其中没有提到上帝而提出批评。“我没必要作那个假设。”拉普拉斯回击拿破仑。上帝的存在确实能解释一切,却不能让我们预测任何事。(这也正是科学家反对学校教学中用“智能设计”理论代替进化论的原因。拉普拉斯的话简洁明了地说明了为何上帝的存在是反科学的。)拉普拉斯过去曾是拿破仑的内政部长,但就职6周后便迁进了元老院。

在法国期间,赫歇尔数次造访拉普拉斯,他们详细地讨论了天体力学方面的内容。他还会见了彗星猎手梅西叶,后者“抱怨他之前不慎掉进了一个冰窖里,现在饱受伤痛困扰……他看上去非常聪慧。成就并不总会带来奖励,哪怕事情本该如此”。除了天文学家以外,赫歇尔也会见了许多化学家、哲学家及思想家,其中包括法国科学院院士夏尔(Jacques Alexandre César Charles),他在几年前制成了第一个充氢气的热气球。赫歇尔还造访了一位住在杜伊勒里宫对面的书商——“他失明了,”赫歇尔写道,“但他和蔼可亲,看上去学识渊博。”此外,赫歇尔一家还以游客的身份参观了各类博物馆、花园、纪念碑以及巴士底狱原址——不久前,这座著名的监狱还矗立在那儿*。

8月8日,最激动人心的一场访问开始了。“我和内政部长沙普塔尔(Chaptal)先生一同用餐,”赫歇尔写道,“7点左右,部长先生便引领我去了第一执政官的寝宫马尔梅松城堡,目的是将我引荐给他。”“第一执政官”是当时拿破仑·波拿巴的头衔。“我们见到了波拿巴夫人,她在部长介绍过我们后,便非常优雅地与我们攀谈起来。”我们和她闲逛许久,赫歇尔继续写道,“接着我们便见到了第一执政官,当时他正忙着指挥别人引水灌溉花草,好让自己的花园更漂亮些。”他们聊了聊天文,接着又聊到了其他话题。拿破仑一度再次谈及与拉普拉斯(当时他也在场)争论的那个关于上帝在宇宙中的地位的问题。随后,话题又和善地变为马匹,并且在仆人们将冰块拿了出来之后(那天气温

* 1789年7月14日,法国大革命爆发,巴士底狱被愤怒的巴黎市民摧毁。——译者

高达35摄氏度),赫歇尔这么记录:"我们聊了聊一些不是特别有趣的话题,接着第一执政官就退出了房间。"觐见拿破仑之后不久,赫歇尔便返回了斯劳。

赫歇尔在全英格兰及欧洲大陆旅行之时,会定期写信指导望远镜保养及观测策略,而卡罗琳却很少外出旅行,她去得最远的地方便是亚历山大在巴斯的住宅,另外还去过一次格林尼治拜访马斯基林夫妇。她的社交生活几乎仅限于亚历山大和威廉的直系亲属。1802年,她的社交圈突然扩大了,她发现夏洛特王后(Queen Charlotte)家庭的一员,贝肯多夫(Beckendorff)太太,曾和她在汉诺威共同参加过那个女装裁制班。卡罗琳通过贝肯多夫太太结识了数位王室成员。她和几位公主都成了朋友,尤其是玛蒂尔达(Sophie Matilda)公主。不过,对卡罗琳来说,贝肯多夫太太可不是一位普通朋友。她这样描述两人的关系:"很快我便意识到,我找到了这么多年来一直在寻找却未能如愿的事物——一位真诚友善、没有私心的好朋友。在我孤寂落寞时,我可以向她寻求建议和慰藉。"

卡罗琳也时常联系仍在汉诺威的家庭成员,或者说,是联系还在世的家庭成员。她的母亲在1789年去世了,姐姐索菲娅也于1803年离世。长兄雅各布也已过世,与母亲和姐姐不同的是,他并非自然死亡。根据一份德国音乐报纸的报导,1792年,他被"勒死在了一片田地里"。没人知道是谁出于什么原因谋害了他,这起案件也有可能是一起由抢劫引发的谋杀案。不过,鉴于雅各布目中无人的品性,也有可能是他惹恼了某些不该惹的人。赫歇尔家这一代的幼子迪特里希——正是他在几十年前激发了威廉对蝴蝶的兴趣——来信说,他计划于1806年的春天造访英格兰,看望哥哥姐姐。"我很想见见老好人亚历山大哥,"他告诉威廉,"还有卡罗琳姐姐,她对我们真的很好。我也很想见见你的儿子——光是这一点,我就不虚此行了——**他**马上就要成为我们家庭仅剩的一人了。"迪特里希自己的儿子此前死在了美国,而亚历山大和雅各布又都没有孩子。姐姐索菲娅的儿子们又不姓赫歇尔,在迪特里希眼里，自然算不得自家人。值得一提的是，迪特里希说这话的时候，索菲娅的全部 5 个儿子都已前往温莎，成为夏洛特王后私人乐队的成员——事实上，这个乐队的主要成员便是他们 5 个。所以，无论他们是否仍是“赫歇尔家”的，他们都继承了外公艾萨克·赫歇尔的音乐天赋——而他们的表兄弟约翰·赫歇尔显然没能做到这点。

迪特里希这次只在英格兰待了一个月，但在 1808 年，为了逃避汉诺威当地因拿破仑战争而提高的税赋，他又再次来到了这里。他的到访令卡罗琳苦不堪言，正如她随后记录的那样：

从迪特里希踏上英格兰土地的那一刻起，直到他离开之时——这可是将近四年的时间——我没有一天不焦虑和担忧。这是因为迪特里希到来之时，他的健康状况堪忧，精神状态极差，同时又身无分文，但根据汉诺威的古老传统，我又是唯一一个应当承担照顾家人责任的人。我希望我已让大家都感到满意了，因为我从没有忘记管理哥哥(威廉)的事业。我照顾迪特里希的时间，全都是从睡眠时间和吃饭时间里挤出来的——为此，我常常匆匆忙忙地吃饭，有时甚至会忘了用餐。

不过，由于当时卡罗琳觉得，迪特里希是最值得她信赖的家庭成员，他带来的麻烦也就没那么令她不快了。迪特里希于 1812 年返回汉诺威，归途漫长而艰辛，不过，他还是挺了过去，并于 1816 年生活稳定了下来。同年，亚历山大的膝盖严重受伤，不能继续他的音乐事业了，于是，他便也回到了汉诺威。而贝肯多夫太太也在夏洛特王后离世后，于 1818 年返回汉诺威。

这三位知己一个接一个地远离了卡罗琳的生活，她的注意力便愈发集中在了侄子约翰身上。作为一个男孩，约翰·赫歇尔体弱多病，于是便招来了母亲的过度保护。比如，在约翰 8 岁的时候，他母亲就强行让他从伊顿公学退学，原因很偶然，卡罗琳这么描述：“她妈妈在骑行穿过伊顿公学时，看到他正光着膀子同一个壮实的男孩打架，于是，她便觉得最好还是让约翰退学,回家待着。因为约翰小时候体质确实非常差,更不幸的是,照料他的保姆也在得病后不久就去世了。"后来,约翰去了希彻姆镇上的一所小型私立学校。同他父亲一样,他在学习中对数学、机械及技术产生了浓厚的兴趣。1810 年,距那次针对新兴工业城市的家庭旅游将近 20 年后,约翰再次造访了瓦特开在伯明翰的铸造厂。在那里,他对煤气灯惊奇不已,同时也为瓦特的谈吐深深吸引。1813 年,约翰以大名鼎鼎的"高级一等及格者"(Senior Wrangler)身份拿到了剑桥大学数学学位,这意味着他是当年其班级里的状元。毕业后的数周时间里,他又拿到了一个奖项,并当选为皇家学会会员——这可是他老爹当年发现一颗行星之后才能获得的荣誉。而事实上,威廉也并没有动用他身居高位所获的特权助力儿子的学术生涯:在一封给班克斯的信中,威廉这么写道,"如果我说,想要看到我儿子的名字出现在皇家学会会员名单上,那你也会很开心地原谅我的。说实话,哪怕他不是我儿子,在充分了解他后,我也会欣然同意让他进入皇家学会。"

毕业后,约翰在剑桥大学多待了一年。期间,他与同事巴比奇(Charles Babbage)和皮科克(George Peacock)一道建立了一个名为"分析学会"的组织,并成功地提升了大学数学的教学质量。之后,巴比奇又设计了一台蒸汽动力的机器,他称其为"差分机",从效果上看,这应该是世界上第一台可以编程的计算机。(到最后巴比奇也没能拉来经费建成这台机器,不过,在 20 世纪 80 年代末,有人根据他的设计制造出了一台工作样机。它能完成 31 位有效数字的计算。)然而当时,和现代许多数学系毕业生和理科毕业生一样,约翰决定进入法学领域,这能让他活得更加滋润。他的父亲对此持有不同意见——奇怪的是,威廉想要他当个牧师。"你已经说出了你的想法,"威廉在给儿子的一封长信中这样写道,

现在再来征求我的意见,似乎只是走个形式……你自己对神职人

员的评价是,“这条无数前人踩出来的路宽广无比,我只能选这条路。”还有比这更高的赞扬吗?这条路必然通向幸福快乐,不然它又怎么会如此宽广,又如此热门……而法律的道路蜿蜒曲折,崎岖不平,荆棘密布。这条路也十分热门,但最后又有多少人得到了**真正踏实**的生活?……你还说,要当牧师,就必须没完没了地自我欺骗……那么看看法律行业和律师们吧。很明显,他们中起码有一半人都在昧着自己的良心做事吧?

最后,约翰还是选择了法律,不过仅仅持续了几个月。那儿的工作环境非常不适合仍旧体弱多病的他,而工作本身也是既无聊又费神。接着,约翰又申请了剑桥大学圣约翰学院的一个研究员职位——是化学而不是天文学方向的——并且差点中选,这证实了他父亲对他的科学才能的高度评价。最后,他担任了剑桥大学的数学研究员。

霍斯金认为,当时,威廉明显已经改变主意,转而希望约翰能够继承他的衣钵。威廉自己每况愈下的身体状况可能是部分原因。当时,他已经 75 岁了,并且在过去的十多年里一直饱受呼吸系统问题的折磨。1800 年的晚秋或初冬时分,卡罗琳就在日记里记录,威廉某次造访巴斯回来后,便“病得不轻”,有一些不明症状。这可能是疟疾复发——这常常会发展出一些慢性病症,也可能是疟疾使得他的免疫能力下降,并染上了另一种病。另一个可能的因素是疲劳,因为当时威廉醉心于红外辐射的研究。他后来康复了,但在 1806 年又因为卡罗琳所说的“流行性影响”(其实就是流行性感冒)而病倒。1808 年,在又一次为 40 英尺望远镜抛光后,威廉再次病倒。当时,约翰病得也很重,病因是卡罗琳所说的“喉咙发炎和高烧”,威廉当时可能也得了这个病。1809 年 2 月 19 日,卡罗琳记录:“侄子约翰正在康复,哥哥威廉却未见好转。”接着,数周后的便笺中有这么一条,2 月 26 日,“威廉病得太重了,医生禁止我去见他,到了 3 月,情况仍然令人绝望。”3 月 10 日,卡罗琳“获准看看威廉,但只能待两三分钟,因为医生不允许他说话”。3

月22日，“他这段时间以来第一次去了他的藏书室，但只能坚持数分钟”。5月9日，“威廉回来了[从巴斯]，此时，他快要好了，但在归途中受了凉，并常常剧烈咳嗽”。9月5日，“40英尺望远镜又需要重新抛光了……再一次证明，这活对于他来说，实在是太重了”。

此时，或许是威廉觉得死亡已经越来越近了，他说服自己必须让约翰子承父业。他再也不能像以前那样精力充沛地整夜观测了，可宇宙的秘密仍等待着他去揭开。他还没测量恒星的距离，而星云带给他的迷惑有增无减。无论如何，霍斯金说，“威廉开始狡猾地勾起约翰对望远镜的兴趣。他让约翰使用吕西安·波拿巴(Lucien Bonaparte)预订的10英尺望远镜，看清1000英尺外树上挂着的一张卡片上写的字。”1816年夏天的某个节假日，威廉终于说服了儿子离开剑桥大学，转而成为一位天文学徒。约翰本人非常地不情愿。尽管之前他总是抱怨大学有多么的失败，此时，他写信给一位朋友，“说真的，现在我要离开这所大学了，我已经心灰意冷了。”

然而，约翰最终变得和他父亲一样痴迷天文。他在威廉的指导下为20英尺望远镜抛光了一面新主镜，接着又独立抛光了第二面。约翰这样描述使用焕然一新的工具观测月亮和土星的感受：“大口径反射镜的观测效果真是太棒了，简直无所不能。”不久之后，这架20英尺望远镜的“主镜突然心血来潮从原来的中间位置飞了出去”，于是彻底报废，无法修复了。然后，约翰在父亲的指导下，兴致勃勃地开始了新望远镜的建造，规格同样是20英尺。他这样评价：“在望远镜建造期间，父亲的指导清晰而准确，他的头脑并没有随年龄的增长而迟钝，仍旧有能力凭借之前积累的经验宝库取得令人惊叹的成果。”

虽然头脑仍旧敏锐，但威廉的身体状况实在糟糕，他的生命就快走到尽头了。1819年3月，威廉夫妇前往巴斯旅游。卡罗琳写道：“他的身体糟透了，并经常抱怨自己头晕目眩，情况越来越糟……他们在路上来回就花了四个夜晚。”在这次旅行期间，威廉给卡罗琳写了两封信。在第一封信中，他告诉卡罗琳：“我刚刚去新国王大街走了走，看到了

19号那所大房子，就是在那儿的花园里，我发现了乔治行星。有关巴斯的别的消息，我只能让我夫人告诉你了，我的手腕实在是没有力气，握不住笔了。”在威廉和玛丽返回斯劳之后，他给卡罗琳的第二封信才送到。“卡罗琳，”上面写着，“一颗大彗星出现了。我希望你能来帮我。到我这儿来吃饭，然后待上一天。如果你到得早的话，一点以后，我们还能准备下星图和望远镜。昨晚上，我看了看这颗彗星的情况，它的尾巴可长了。”1821年6月，威廉和卡罗琳完成了最后一次完整的巡天行动，目的是为了确保约翰知晓正确的观测流程。此时此刻，威廉已经82岁了，他的身体无比虚弱，再也爬不上望远镜的观测台了。

卡罗琳也开始受到健康问题的困扰。1806年的冬天，她就咳嗽得很严重，甚至都无法抄写观测记录。1809年的冬天，她的脚踝严重扭伤了，卡罗琳因此连续两周都不能走路，整整三个月后，她才彻底康复。第二年秋天，她又因为某种未知病症，病得颇重。无论这个病究竟是什么，她的私人医生（这是她的第二任私人医生了，第一任被她解雇了）都相信卡罗琳这次可能会失明。菲普斯（Phips）医生让卡罗琳经常去黑暗的房间里待着，好让她提前适应一下可能会出现的失明状况。之后，在11月20日，卡罗琳在日记里记录下了好消息：“菲普斯告诉我，警报解除了，我应该不会失明。他真应该早点告诉我这个消息，或者别说得那么严重，这让我处于极度的恐惧之中。”她恢复得不错，可以重拾她熟悉的记录工作了。

在最后一次巡天之后，卡罗琳在日记中悲恸地记录道，威廉的身体状况迅速恶化。10月，她写道：“合上日记本，一天就这么过去了，和之前的日子并没有什么两样，只是，当我每天从威廉家回到那个孤身一人毫无欢乐的家里之后，我对未来每一天的紧张不安又多了一分。”对于威廉生命的最后几个月，卡罗琳当时没有记录。后来靠着当时她在账簿和年历上记的一些简要条目，她对威廉生命的最后时光的回忆才逐渐浮现。1822年5月13日，她曾记录：“嫂子和侄子去了伦敦，我和威廉两个人在家。然而，在他们回来之前的每时每刻，我都如坐针毡，生怕在这期间威廉猝然离世。"5 月 20 日的记录是这么说的:"这个夏天非常热,威廉虚弱的情绪也很受影响,再加上他身边时刻有人陪伴,寻找通风极佳的房间让他好好休息的难度就更大了。"7 月 8 日:"此刻,我现在微微有了些希望,也许威廉能够再次好转一些。日历上的一条备忘显示,最近有一次,威廉为了和我采摘、品尝树莓,在花园中散了一会儿步,步伐相较以往稳当了一些,而走的距离也是之前从住所到藏书室的三四倍。不过,后来我再也没有见过他这么精神。"

8 月 15 日,卡罗琳又去探望威廉——这已成了她每日的习惯。"我急匆匆地赶到了他通常所在的地点,带着几张报纸,准备读给他听。不过这一次……他们告诉我,威廉又不得不回到自己的卧室里去休息了。听到这个消息,我飞也似地跑进了他的房间。嫂子和管家陪着他,用上了一切他们认为可以维持他生命的方法。"事实上,威廉此时仍旧相当清醒,当他在巴斯及哈利法克斯就结识的老朋友布尔曼先生的孙子来访时,他甚至为自己无力满足其愿望而感到恼怒。这个年轻人想要一点纪念品,带回去送给他的父亲,可威廉的身体太虚弱了,没法帮他找一下。"他一看到我,"卡罗琳写道,"就让我去他的藏书室拿来他最近写的几篇论文和一块 40 英尺望远镜上的金属片。当我从书架上匆忙拿出论文时,我还是忍不住看了两眼,之后威廉虚弱地问我,这些论文里有没有关于他对银河系解体的讨论,我说:'有!'于是,他看起来很满意……在勉强支撑了大概半小时后,大家说服了威廉,让他躺在床上。我知道,再也没有可能看他站起来了。接下来,我们伤心欲绝地度过了 10 天 10 夜。"

1822 年 8 月 25 日,威廉·赫歇尔与世长辞,享年 84 岁。当时,约翰·赫歇尔正在国外和一位朋友一道在荷兰和比利时度假。他在阿姆斯特丹的时候,收到了母亲的一封信,母亲给他保证,父亲"和你出发的时候一样,没什么问题",让他安心。9 月 7 日,这位伟大的科学家在阿普顿的圣劳伦斯大教堂下葬。

尾声

卡罗琳·赫歇尔满心期望自己能在年内与威廉在天堂相见。她的身体也不好,同时又沉浸在威廉离世带来的悲恸之中,最关键的是,她失去了生活的目标。当时,约翰正全身心地投入到一项与朋友索思(James South)合作的天文项目中,不需要卡罗琳的帮助。除此之外,他在皇家学会与皇家天文学会中的参与度也比他的父亲高得多。约翰长期和他的同行们待在伦敦,很少回斯劳。卡罗琳此时与威廉的遗孀相处得不错,但这两个人的关系从未达到过很亲密的程度。尚在世的兄弟姐妹就只有远在汉诺威的迪特里希了,所以,卡罗琳决定回那儿去,离开这个半个多世纪以来她一直称之为家的国家。这是一个悲剧性的决定。

其实,早在两年以前,卡罗琳就开始考虑这个事了,当时威廉的健康状况正迅速恶化。她先是寄了 30 英镑回汉诺威,目的是"让迪特里希家给我安置一张羽绒床,在经历了这么漫长而可怕的一场悲剧之后,我就只能在他家的温暖中寻找安慰了。在听了迪特里希对他妻子、女儿性格的描述之后,我觉得这是地球上唯一能让我安息的地方了"。威廉下葬两天后,卡罗琳就开始认真收拾打包自己的东西了。一个月后,迪特里希就来到英格兰准备护送她回德国。1822 年 10 月 7 日,卡罗琳去温莎城堡和奥古丝塔公主以及别的一些朋友告了别,三天后,她永远地离开了斯劳。"从我亲爱的哥哥逝世的那天起,一直到10月10日,我在英格兰没有家!"后来,她这样写道。接着,她又花了11天造访伦敦及周边地区的各位朋友,同他们一一道别。最后,约翰也造访了她与迪特里希下榻的酒店,同他们告别。接着,卡罗琳和迪特里希就坐上轮船,启程返回汉诺威了。这一路又是狂风暴雨,不禁让人回想起了许多年前,卡罗琳和威廉从德国出发前往英格兰时的场景。此外,卡罗琳又不出所料地晕船了。

最糟糕的是,迪特里希一点儿也不像是卡罗琳记忆中,他造访英格兰时的那个给人温暖的伙伴。也许是因为时过境迁了吧。那时,迪特里希精神困顿,几近绝望,迫切需要家人的陪伴与慰藉。而此时此刻,他的生活安稳,工作稳定,过得相当不错,从某种意义上说,他也是个自我主义的人。"每当我聊到一个话题,"卡罗琳写道,"他总是持反对观点,话头便很快终结了,因为他似乎不愿意别人聊起除他自己以外的话题。"幸运的是,迪特里希的妻子很好相处,是个积极乐观的人,只是患有比较严重的关节炎。他们的女儿安娜(Anna)刚刚丧偶,也是一个值得交往的好朋友。卡罗琳还和老朋友贝肯多夫太太重聚了,后者的女儿也同样惹人喜爱。另外,卡罗琳的房间"非常棒,大概是我之前住的三四倍大……其中的家具也是最雅致的款式"。不过,汉诺威这座城市本身已经发生了变化。"几乎看不到一点儿以前汉诺威的影子……我不喜欢!"她在抵达后不久写给玛丽的一封信中这样说道。在之后的一封中,她又感叹:"这真是个新世界了。"

就这样,卡罗琳在汉诺威生活了一年——她曾以为这是上帝对她的眷顾——她开始后悔离开英格兰了。在英格兰,她的一切都在正轨上:她或多或少是当时世界上最有天赋、最为出名的天文学家的得力助手。就她自己而言,她好歹是一位正儿八经的职业天文学家。而现在,她只是一位年迈的未婚老阿姨。

约翰善良地(哪怕是短暂地)将卡罗琳从这种自感完全无用的状

态下解救了出来。他不需要助手,但是,他确实需要卡罗琳的组织技能。在他姑姑离开英格兰后不久,约翰就决定开展一次巡天观测,以再次考察卡罗琳和威廉发现的总计2500个星云和星团。卡罗琳在18世纪和19世纪之交收集整理的这个星云星团表确实相当完备,但条目的列举方式不利于查询——卡罗琳只是按照威廉对它们的分类以及发现的日期组织了这些条目。在约翰的邀请下,她答应会一一标识出这些天体的天文坐标,并据此重新修改此表的条目,解决不利查询的问题。"我希望能活得久些,"她在给约翰的信中写道,"这样我就可以给你做个更准确的表了……虽然这项工作目前都还未开始,但我希望能在下个冬天将它完成。"1825年春天,这项工作就做完了。1827年,约翰顺利地开展了他的巡天计划,并写信给卡罗琳道谢:"您的这个表真是太有用了!晚上巡天之前,我总会从此表中挑选出一些目标,形成我的观测列表。通过这种方法,每次巡天,我都能观测三四十个星云。"霍斯金认为,这份表"确实是对威廉留下的星云遗产的一次意义重大的、十分关键的修订"。

第二年,伦敦天文学会*授予卡罗琳金质奖章,理由是"为表彰她最近对其赫赫有名的兄长发现的星云的编辑整理。我们认为这一系列努力的最终成果,无论从体量上看,还是从重要性上来说,都是天文学史上难以逾越的一座丰碑"。得到消息后,卡罗琳非常激动,但同时又感到从未有过的痛苦。"对于**副会长这一次拙劣的演说**,我想说的有很多。"她写信给约翰,讨论的对象则是在颁奖典礼上发言的伦敦天文学会副会长。约翰·赫歇尔是会长,但出于礼节,他不能为自己的姑姑发表演说,称颂其功绩。在信的末尾,卡罗琳仍没有将威廉的功劳据为己有,坚称这份荣誉应该是属于他的:"他们**对我的过誉越多,对你父亲功绩的了解就越少。**"之后,她还获得了一些荣誉。1835年,皇家天

* 伦敦天文学会成立于1820年,是后来的英国皇家天文学会的前身。1831年,英王乔治四世授予特许状后,成为皇家天文学会。——译者

文学会推选她为荣誉会员;1838 年,爱尔兰皇家科学院也这么做了。1846 年,她又获得了普鲁士国王的科学金质奖章。

借助卡罗琳修订的表,约翰发现并重新检验了他父亲发现的星云和星团。接着,他将巡天范围扩展到了南半球——当时,这半边星空尚未有人探索。1834 年,他和他的家人带着他的 20 英尺望远镜来到了南非的好望角,这一待就是四年。最终,他发现了 1707 个星云以及 3000 多个双星,其成果集结在 1847 年出版的著作《好望角观测》(*Cape Observations*)一书之中。维多利亚女王(Queen Victoria)为表彰他的这一功绩,授予其从男爵封号。从南非归来后,他和他 5 岁大的儿子前往汉诺威拜访卡罗琳——这也是他人生中最后一次见到卡罗琳。时年 88 岁的卡罗琳见到这个侄孙,疼爱不已,总是逗得他乐呵呵的。

然而,总的来说,卡罗琳越来越糊涂了。之前令她感到开心快乐的某些事、某些印象开始以一种不一样的方式,在她脑海里浮现。在她重返汉诺威 10 年后,那间在 1822 年令她印象深刻的舒适房间,现在变成了一间"上午才清洗过的房间,里头没有炉火,我坐在沙发上,盯着仍旧湿漉漉的地板,上面没有地毯"。她与迪特里希一家第一次会面的时候,她对迪特里希的妻子赞口不绝,但现在,她又重新想象了对后者的第一印象,声称她突然见到的这位女性"是一个年逾 60 的矮胖女人,却穿着 20 岁姑娘该穿的衣服,只是没有戴帽子,棕色的头发里夹杂着些许灰发,编成了辫子,鬓角满是人工大波浪卷……当她过来拥抱我的时候,我几乎止不住要颤栗着后退"。卡罗琳还在写给约翰的信里向他抱怨,她的侄女们总是不搭理她,在迪特里希去世后,他的遗孀总在计划谋取她的财产。她在 1832 年写给约翰的信中总结道,"我在这儿待了整整 10 年。在这 10 年中,我只能说,他们让我生厌、让我恼怒。但我所承受的痛苦是双倍的,因为我无法向任何人诉说我的痛楚,也因为他们总是百般阻挠我,不让我和朋友们交流。"

最后,1848 年,卡罗琳与世长辞,此时距离她 98 岁生日不到三个月。汉诺威国王、王储、王储妃派来他们的御用大马车,跟在卡罗琳灵车之后,为她送行。与她一同埋葬的,还有威廉的一撮头发以及他们父亲的一本年历。

1864 年,约翰将自己的发现与父亲的合并,出版了《星云星团总表》(*General Catalogue of Nebulae and Clusters of Stars*)。之后在 19 世纪 80 年代,后来编辑整理了威廉论文的德雷尔扩充了这份表,并以《星云星团新总表》(*A New General Catalogue of Nebulae and Clusters of Stars*)的名字重新出版。如今,天文学家仍在使用由德雷尔排定的 NGC 数字,但他们中的大多数都没有意识到,他们在这份表中用到的信息最初其实是由天王星的发现者编辑整理的。不过,威廉·赫歇尔不为人知的功绩可远不止这一点。他的研究方法——巡天,不知疲倦地为观测到的不同类型天体编表,然后再通过这些表考察宇宙的结构和演化过程——可能是现代天文学唯一的最重要的研究工具了。通过研究邻近星系并测算它们的性质,哈勃在 20 世纪 20 年代发现了宇宙正处于膨胀状态。通过研究宇宙中一大块楔形区域内的遥远星系,三位哈佛大学的天文学家在 20 世纪 80 年代发现,星系在宇宙中的大尺度分布不是均匀的,而是围绕着相对"空"的巨洞呈细丝状分布或片状分布。20 世纪 90 年代末,对邻近恒星的巡天证明,行星——不可思议的热巨行星——在太阳系之外十分常见。1998 年,两项针对已知宇宙边缘爆发星的独立巡天告诉我们,宇宙中有一种神秘现象存在,也就是如今我们熟知的暗能量。所有这些发现,事先都完全没有人预测到,它们都导致了天文学理论的重大修改。如今,包括斯隆数字化巡天、南天宇宙学巡天(the Southern Cosmology Survey)、哈勃空间望远镜中深空巡天(the Hubble Space Telescope Medium Deep Survey)、暗能量巡天(the Dark Energy Survey)在内的许多项目,都从射电波段、可见光波段、微波波段、紫外波段、红外波段、X 射线波段及 γ 射线波段全面观测宇宙。从某种意义上来说,它们所发现的一切都要归功于威廉·赫歇尔研究星空的革命性方法。以他名字命名的重要天文学仪器只有在加纳利群岛上建造的相对较小的 4.2 米口径威廉·赫歇尔望远镜。这也说明世人对他的了解多么贫乏。

赫歇尔墓也同样鲜为人知。他的儿子约翰·赫歇尔安葬在威斯敏斯特大教堂中*,这是迄今为止大不列颠规格最高、最为荣耀的长眠之地。而威廉在阿普顿的墓地,仅仅在教堂塔楼之下的地上树立了一块石碑。石碑上刻有一段长长的拉丁文铭文。这段话的翻译在《赫歇尔年表》中是这样的:

威廉·赫歇尔,韦尔夫家族**帝王册封的爵士。

生于汉诺威,但他长期居留英格兰,并以此作为他的家乡。

是那个时代最为杰出的天文学家之一。

在此理应记录他的一生。

以免他那微小的贡献为世人遗忘。

他是第一个发现土星轨道以外的行星的人。

他自己发明并建造了一些新工具,

并凭此打破了天堂给凡人设置的壁垒。

也是凭借这些工具,他深入研究了遥远的深空世界。

正是他,将无数互相绕转的双星置于天文学家的慧眼及头脑之下。

他富有技巧,用棱镜将太阳光分为光和热两部分;

他贡献良多,坚持不懈地探索星云的性质和位置,探索那些远在太阳系之外的未知发光天体。对自己的那些大胆假设,他一贯保持着与生俱来的谦虚。同时代的人都很荣幸能见证他的这些成就。

他告诉我们的许多事儿尚有待后人去证实,天文学还需要未来济济英才的不懈奋斗。

他一生清清白白、和蔼可亲、有益于世。他辛勤工作所取得的成就以及他美好的品德都非常人所能及,如今,这一切都将随着死亡尘封于

---

* 威斯敏斯特大教堂,也即西敏寺,约翰·赫歇尔的墓地离牛顿墓很近。——译者

** 韦尔夫家族原属德意志,乔治三世就是这个家族的成员,也是现今英国王族的祖先。——译者

此。他的亲朋好友会在以后的日子里,叹息他的离去。

1822 年 8 月 25 日,上帝带走了他,享年 84 岁。

这篇墓志铭读上去更像是一篇简单的自传。诗人坎贝尔(Thomas Campbell)记下的威廉自己的一番话,可能更为合适。1813 年,赫歇尔曾和坎贝尔相处过数个小时,后者在两天后的一封信中这样描述赫歇尔,"他 76 岁了,但仍旧生龙活虎,身体强健。他就这么坐在朋友家里离门最近的一个位子上,或是因为一个笑话而微笑,或是安坐在那儿,没有参与或是聆听旁人的讨论。抛给他的任何话头,他都能委婉含蓄地接上;询问他的任何问题,他都能以一种男孩子般的热情,为你不辞辛劳地解释。"

坎贝尔,这个可能过分乐观估计了赫歇尔当时健康状况的人,又接着叙述了他如何从赫歇尔嘴里打听出了 11 年前觐见拿破仑时的情形。他们讨论了小行星,接着赫歇尔简要介绍了一些光速的问题,并指出,我们观测遥远的天体时,就等同于望向宇宙的过去。因为现在望远镜收集到的光,必然是在过去发出,历经千辛万苦后才赶到地球的。赫歇尔随后说出的一番话,让坎贝尔相信,他当时是在和一位聪慧得不可思议的神奇人物对话。赫歇尔是这么说的:"我**对宇宙的观测之深入,前无古人**。我所观测过的恒星,它们的星光必需 200 万年才能来到地球,这点不难证明。不仅如此……这还意味着,即便这些遥远的天体早在几百万年前就已经毁灭了,我们仍能清晰地看到它们的样子。因为即便躯体消失了,它发出的光芒也会永远穿行于宇宙之间。"

这,就是威廉·赫歇尔所做的一切,非常简单。只是在完成这些工作的同时,他也永远地改变了天文学。

致谢

在此,我要感谢朋友、同事、相关学者以及这么一支能力卓绝的专业出版团队,没有他们的帮助,就没有这本书的出版。我有幸能在此对他们一一表示感谢,就让我以他们在这本书出版的过程中提供帮助的大致时间顺序来做此事吧。第一个,当然就是我的著作代理人坎内尔(Cynthia Cannell)。十多年来,她不仅是一位建言献策者、一位代理人、一位啦啦队队长,同时也是一位和善又有思想的好朋友。我也很感激科恩(Jesse Cohen),当他前来告诉我,想要让我为"伟大发现"(Great Discoveries)这个系列写一本有关威廉·赫歇尔的书时,我惊喜万分。我对这一系列早有耳闻并且颇为欣赏。阿特拉斯(James Atlas)随后证明,他所创办的这家高质量的小出版社以后的日子还长着呢。他们对每本书(及作者)都相当重视,都会派专人跟进。我的编辑奥克斯(John Oakes)特别和蔼可亲,为了改善文本,他总是向我提出各种十分有益的建议,可他将决定的权力交给了我,我可以选择拒绝。不过,感谢上帝,我几乎从来没有觉得有必要行使我的这个权力。罗斯曼(Alexander Rothman)耐心解决了一个又一个的小问题,他身上体现出的聪慧与关怀,是我在阿特拉斯公司遇到的每个人都拥有的特质。

在研究本书背景的过程中,特别要感谢剑桥大学科学史名誉教授霍斯金先生给予我的巨大帮助。他慷慨地与我分享了他研究所得的有关赫歇尔一家的深度知识以及一些天文学史方面的问题。我们主要通过电子邮件通信,但令我印象最深的一次,是我曾到他在剑桥的家中待了整整一上午,与他讨论相关事宜。霍斯金教授也同样和善且乐于助人,他阅读了本书的样稿,并在此过程中,纠正了许多错误,使我免于在最终成书时遭遇尴尬。科学史学者、芝加哥阿德勒天文馆馆长博尔特(Marvin Bolt),帮助我了解了威廉·赫歇尔在望远镜设计历史上的重要性,他的帮助也无比重要。我要向这两位学者致谢,是他们特意抽出时间与我分享他们的专业知识。

我还要感谢萨克斯(Rachel Sachs),他不仅仅是一位恒星助理研究员,还对本项目极富热情,频繁地要求我提交进展报告。没有这种和善且坚持不懈的督促,这本书可能到现在也没有出版。马诺斯(Margaret Manos)、温顿(Kate Winton)、帕特尼(Margaret Putney)以及福斯特(Joanna Foster)在不同阶段阅读了部分样稿,并对那些未能解释明白的、令人生惑的要点提出了相当有价值的建议,同时也使得本书对那些对天文并不那么感兴趣的读者,变得更加友好、易读。我还要特别感谢我已过世的父亲阿龙·勒莫尼克(Aaron Lemonick),他对星星、对天文及对它们背后的故事的热情,深深地感染了我,让我也走上了这条道路。

最后,我还要感谢以下这些以各种方式给予我坚实支持的人,他们是:艾琳(Eileen),汉娜(Hannah),本(Ben),索尼娅(Sonia),丹尼(Danny)以及最小的两个——爱上了我的舞步的阿莎(Asha),还有特迪(Teddy),他见到我时终于不哭了。

部分参考书目

本书的绝大部分内容都是基于业已出版的文字资料写就的。不过,我仍旧同两位研究威廉·赫歇尔及卡罗琳·赫歇尔生平的历史学家进行了诸多颇有价值的谈话。其一是芝加哥阿德勒天文馆馆长博尔特;其二是剑桥大学科学史名誉教授霍斯金。后者是《天文学史杂志》(*Journal of the History of Astronomy*)的创刊主编,也是国际公认的威廉·赫歇尔及卡罗琳·赫歇尔生平研究的学术权威。尤其值得一提的是,霍斯金不仅帮助我厘清了关于赫歇尔兄妹的一些事实,还使我能够理解他们俩复杂但又鲜明的个性。我在本书中写到的许多洞见都要归功于霍斯金对威廉、卡罗琳及他们家庭持续数十年的研究。

除了谈话以外,我还参考了霍斯金所著的一些书籍,其中包括:

《卡罗琳·赫歇尔自传》(*Caroline Herschel's Autobiographies*),霍斯金编,剑桥大学:科学史出版社,2003。正如书名所言,本书精选了卡罗琳留下的诸多日记,并配有大量相关评论。

《赫歇尔组合》(*The Herschel Partnership*),剑桥:科学史出版社,2003。本书重点描述了卡罗琳作为一位初露头角的歌唱家,在巴斯加入威廉的天文工作后,两人的工作关系。其中既有两人独立工作的部分,也有两人合作完成的部分。

《威廉·赫歇尔与星空结构》(*William Herschel and the Construction of the Heavens*),伦敦:奥尔德伯恩出版社,1963。本书记录了威廉对宇宙结构、宇宙历史等问题的观点的演变。正是通过这部作品,我才了解了威廉的研究方法对天文学理论是多么重要、多么超越时代。

《威廉·赫歇尔:恒星天文学先驱》(*William Herschel, Pioneer of Sidereal Astronomy*),纽约:希德沃德出版社,1959。本书中,霍斯金将几乎全部篇幅都用来讲述威廉的科学成就。

最后,我本来还想读读霍斯金的新作,《汉诺威的赫歇尔一家》(*The Herschels*

of Hanover),剑桥:科学史出版社,2007。此书内容包括,威廉及卡罗琳的父母以及每一个兄弟姐妹的传记性文章,此外还有霍斯金称之为"天文学中的赫歇尔氏革命"的相关评价。可惜的是,在我的拙作完成之后,该书才最终出版。

同时,我还查阅、参考了以下这些作品:

斯图尔特·克拉克(Stuart Clark),《太阳王》(*The Sun Kings*),新泽西州普林斯顿:普林斯顿大学出版社,2007。克拉克的论述重点是太阳黑子及太阳耀斑。他在本书的一章中,提到了赫歇尔有关太阳的理论,也就是他那个认为太阳黑子不过是发光云层的间隙,让人们得以窥探其下凉爽、宜居表面的观点。

德博拉·克劳福德(Deborah Crawford),《御用天文学家:威廉·赫歇尔》(*The King's Astronomer, William Herschel*),纽约:朱利安梅斯纳出版社,1968。在这本"新新闻主义"的威廉传记中,作者对赫歇尔的生平进行了再创作,用对话形式再现了当时的场景,对此我们只能认为这些对话都是作者的自我发明。

迈克尔·J·克罗(Michael J. Crowe),《1750—1900 年间的地外生命讨论》(*The Extraterrestrial Life Debate*,1750—1900),纽约州米尼奥拉:多佛出版社,1999。赫歇尔相信,月球上、行星上甚至是太阳上都有地外生命存在,这些在书中都有论及。此外,作者还认为,寻找外星人不仅是赫歇尔天文生涯的一个组成部分,实际上,更可能是其从事天文事业的潜在动机。

迈克尔·J·克罗,《现代宇宙理论:从赫歇尔到哈勃》(*Modern Theories of the Universe, From Herschel to Hubble*),纽约州米尼奥拉:多佛出版社,1999。本书重点在宇宙学上——宇宙学并不那么关心恒星及行星的性质,而是一种研究宇宙结构及演化的理论。

格雷厄姆·戴维斯(Graham Davis)及彭妮·邦索尔(Penny Bonsall),《图解巴斯史》(*A History of Bath, Image and Reality*),英国兰开斯特:卡内基出版社,2006年。这是一本对 18 世纪英格兰最前卫城镇,巴斯的图说历史书。正是在巴斯这个城市里,赫歇尔取得了其音乐事业的最高成就。同时,他也在此地发现了天王星,开启了他伟大的天文事业。

J·L·E·德雷尔(J. L. E. Dreyer) 编,《威廉·赫歇尔科学论文集》(*The Scientific Papers of William Herschel*)两卷本,伦敦:皇家学会及皇家天文学会,1912 年。

这部巨作以赫歇尔的长篇传记性文字为开端，重新编排制作了他的每一篇论文，文图备至。此外，它还记载了相当一些赫歇尔未发表的论文。本书生动展示了赫歇尔超乎寻常的活力、创造力、观测能力及清晰的科学思维。

艾伦·W·赫希菲尔德(Alan W. Hirschfeld)，《视差：丈量宇宙之旅》(*Parallax, the Race to Measure the Cosmos*)，纽约：弗里曼出版社，2001。本书作者介绍了通过视差测量天体距离的历史。正是通过这种方法，威廉开展了他突破性的双星搜寻计划。

爱德华·S·霍尔登(Edward S. Holden)，《威廉·赫歇尔：他的生活及工作》(*William Herschel, His Life and Works*)，纽约：斯克里布纳出版社，1880。这是有关威廉的最早传记之一。

爱德华·S·霍尔登及查尔斯·S·哈斯廷斯(Charles S. Hastings)编，《威廉·赫歇尔科学论文概要》(*A Synopsis of the Scientific Writings of William Herschel*)，华盛顿特区：美国政府印刷局，1881。这本薄薄的册子其实就是一份做了注释的参考文献目录。

康斯坦丝·A·卢伯克(Constance A. Lubbock)编，《赫歇尔年表》(*The Herschel Chronicle*)，剑桥：剑桥大学出版社，1933。这本非同凡响的著作不仅选录了威廉及卡罗琳各自的自传，更收录了他们与别人的往来信件，此外还有相关背景介绍。这本书的编辑，卢伯克，其实是威廉·赫歇尔的孙女。

约翰·诺斯(John North)，《天文学史与宇宙学史》(*The Fontana History of Astronomy and Cosmology*)，伦敦：丰塔纳出版社，1994。这本书中有一章是讲赫歇尔的，特点是将赫歇尔的科学成就划分成其正式从事天文工作之前、之中、之后三个部分进行描述，并与当时世界的天文学进展相联系。

隆达·席宾格(Londa Schiebinger)，《大脑是否有性别之分？现代科学起源时的女性》(*The Mind Has No Sex?Women in the Origins of Modern Science*)，马塞诸塞州剑桥：哈佛大学出版社，1989。这本书详细地记录了800多年以来的女性科学成就。席宾格通过此书证明，尽管总的来说，在建立科学的过程中女性总是被排斥在外，但认为在1900年之前女性都未曾从事科学工作的现代观点是谬误的。卡罗琳·赫歇尔所取得的成就在她所处的社会中的确是引人注目的，但并非不可想象。

J·B·西奇威克(J.B. Sidgwick)，《威廉·赫歇尔：星空探索者》(*William Her-*

schel, Explorer of the Heavens),伦敦:费伯出版社,1954。这是一本简洁明了、质量颇高的赫歇尔传记。

最后,我还参考了许多原始论文,其中既有威廉·赫歇尔本人写的,也有一些是关于他的,获得方式主要是两个:其一是《赫歇尔档案 DVD》(*The Herschel Archive on DVD*),伦敦:皇家天文学会,2005;其二是从《天文学史杂志》的网页上下载,网址是:http://www.shpltd.co.uk/jha.html。

责任编辑　赵　地　姚建国
装帧设计　汤世梁

哲人石丛书
发现天王星
——开创现代天文学的赫歇尔兄妹
迈克尔·D·勒莫尼克　著
王乔琦　译

上海科技教育出版社有限公司出版发行
（上海市闵行区号景路159弄A座8楼　邮政编码201101）
网址：www.sste.com　www.ewen.co
各地新华书店经销　天津旭丰源印刷有限公司印刷
ISBN 978-7-5428-6694-3/N·1021
图字09-2017-821号

开本635×965　1/16　印张10.25　插页6　字数137 000
2018年5月第1版　2022年6月第2次印刷
定价：38.00元

哲人石丛书

当代科普名著系列　当代科技名家传记系列
当代科学思潮系列　科学史与科学文化系列

第一辑

确定性的终结——时间、混沌与新自然法则 13.50 元
伊利亚·普利高津著　湛敏译

PCR 传奇——一个生物技术的故事 15.50 元
保罗·拉比诺著　朱玉贤译

虚实世界——计算机仿真如何改变科学的疆域 18.50 元
约翰·L·卡斯蒂著　王千祥等译

完美的对称——富勒烯的意外发现 27.50 元
吉姆·巴戈特著　李涛等译

超越时空——通过平行宇宙、时间卷曲和第十维度的科学之旅 28.50 元
加来道雄著　刘玉玺等译

欺骗时间——科学、性与衰老 23.30 元
罗杰·戈斯登著　刘学礼等译

失败的逻辑——事情因何出错，世间有无妙策 15.00 元
迪特里希·德尔纳著　王志刚译

技术的报复——墨菲法则和事与愿违 29.40 元
爱德华·特纳著　徐俊培等译

地外文明探秘——寻觅人类的太空之友 15.30 元
迈克尔·怀特著　黄群等译

生机勃勃的尘埃——地球生命的起源和进化 29.00 元
克里斯蒂安·德迪夫著　王玉山等译

大爆炸探秘——量子物理与宇宙学 25.00 元
约翰·格里宾著　卢炬甫译

暗淡蓝点——展望人类的太空家园 22.90 元
卡尔·萨根著　叶式辉等译

探求万物之理——混沌、夸克与拉普拉斯妖 20.20 元
罗杰·G·牛顿著　李香莲译

亚原子世界探秘——物质微观结构巡礼 18.40 元

艾萨克·阿西莫夫著　朱子延等译

终极抉择——威胁人类的灾难 29.00 元

艾萨克·阿西莫夫著　王鸣阳译

卡尔·萨根的宇宙——从行星探索到科学教育 28.40 元

耶范特·特齐安等主编　周惠民等译

激情澎湃——科学家的内心世界 22.50 元

刘易斯·沃尔珀特等著　柯欣瑞译

霸王龙和陨星坑——天体撞击如何导致物种灭绝 16.90 元

沃尔特·阿尔瓦雷斯著　马星垣等译

双螺旋探秘——量子物理学与生命 22.90 元

约翰·格里宾著　方玉珍等译

师从天才——一个科学王朝的崛起 19.80 元

罗伯特·卡尼格尔著　江载芬等译

分子探秘——影响日常生活的奇妙物质 22.50 元

约翰·埃姆斯利著　刘晓峰译

迷人的科学风采——费恩曼传 23.30 元

约翰·格里宾等著　江向东译

推销银河系的人——博克传 22.90 元

戴维·H·利维著　何妙福译

一只会思想的萝卜——梅达沃自传 15.60 元

彼得·梅达沃著　袁开文等译

无与伦比的手——弗尔迈伊自传 18.70 元

海尔特·弗尔迈伊著　朱进宁等译

无尽的前沿——布什传 37.70 元

G·帕斯卡尔·扎卡里著　周惠民等译

数字情种——埃尔德什传 21.00 元

保罗·霍夫曼著　米绪军等译

星云世界的水手——哈勃传 32.00 元

盖尔·E·克里斯琴森著　何妙福等译

美丽心灵——纳什传 38.80 元

西尔维娅·娜萨著　王尔山译

乱世学人——维格纳自传 24.00 元

尤金·P·维格纳等著　关洪译

大脑工作原理——脑活动、行为和认知的协同学研究 28.50 元

赫尔曼·哈肯著　郭治安等译

生物技术世纪——用基因重塑世界 21.90 元
杰里米·里夫金著　付立杰等译

从界面到网络空间——虚拟实在的形而上学 16.40 元
迈克尔·海姆著　金吾伦等译

隐秩序——适应性造就复杂性 14.60 元
约翰·H·霍兰著　周晓牧等译

何为科学真理——月亮在无人看它时是否在那儿 19.00 元
罗杰·G·牛顿著　武际可译

混沌与秩序——生物系统的复杂结构 22.90 元
弗里德里希·克拉默著　柯志阳等译

混沌七鉴——来自易学的永恒智慧 16.40 元
约翰·布里格斯等著　陈忠等译

病因何在——科学家如何解释疾病 23.50 元
保罗·萨加德著　刘学礼译

伊托邦——数字时代的城市生活 13.90 元
威廉·J·米切尔著　吴启迪等译

爱因斯坦奇迹年——改变物理学面貌的五篇论文 13.90 元
约翰·施塔赫尔主编　范岱年等译

第二辑

人生舞台——阿西莫夫自传 48.80 元
艾萨克·阿西莫夫著　黄群等译

人之书——人类基因组计划透视 23.00 元
沃尔特·博德默尔等著　顾鸣敏译

知无涯者——拉马努金传 33.30 元
罗伯特·卡尼格尔著　胡乐士等译

逻辑人生——哥德尔传 12.30 元
约翰·卡斯蒂等著　刘晓力等译

突破维数障碍——斯梅尔传 26.00 元
史蒂夫·巴特森著　邝仲平译

真科学——它是什么,它指什么 32.40 元
约翰·齐曼著　曾国屏等译

我思故我笑——哲学的幽默一面 14.40 元
约翰·艾伦·保罗斯著　徐向东译

共创未来——打造自由软件神话 25.60 元
彼得·韦纳著　王克迪等译
反物质——世界的终极镜像 16.60 元
戈登·弗雷泽著　江向东等译
奇异之美——盖尔曼传 29.80 元
乔治·约翰逊著　朱允伦等译
技术时代的人类心灵——工业社会的社会心理问题 14.80 元
阿诺德·盖伦著　何兆武等译
物理与人理——对高能物理学家社区的人类学考察 17.50 元
沙伦·特拉维克著　刘珺珺等译
无之书——万物由何而生 24.00 元
约翰·D·巴罗著　何妙福等译
恋爱中的爱因斯坦——科学罗曼史 37.00 元
丹尼斯·奥弗比著　冯承天等译
展演科学的艺术家——萨根传 51.00 元
凯伊·戴维森著　暴永宁译
科学哲学——当代进阶教程 20.00 元
亚历克斯·罗森堡著　刘华杰译
为世界而生——霍奇金传 30.00 元
乔治娜·费里著　王艳红等译
数学大师——从芝诺到庞加莱 46.50 元
E·T·贝尔著　徐源译
避孕药的是是非非——杰拉西自传 31.00 元
卡尔·杰拉西著　姚宁译
改变世界的方程——牛顿、爱因斯坦和相对论 21.00 元
哈拉尔德·弗里奇著　邢志忠等译
“深蓝”揭秘——追寻人工智能圣杯之旅 25.00 元
许峰雄著　黄军英等译
新生态经济——使环境保护有利可图的探索 19.50 元
格蕾琴·C·戴利等著　郑晓光等译
脆弱的领地——复杂性与公有域 21.00 元
西蒙·莱文著　吴彤等译
孤独的科学之路——钱德拉塞卡传 36.00 元
卡迈什瓦尔·C·瓦利著　何妙福等译
科学的统治——开放社会的意识形态与未来 20.00 元
史蒂夫·富勒著　刘钝译

千年难题——七个悬赏 1000000 美元的数学问题 20.00 元

基思·德夫林著 沈崇圣译

爱因斯坦恩怨史——德国科学的兴衰 26.50 元

弗里茨·斯特恩著 方在庆等译

科学革命——批判性的综合 16.00 元

史蒂文·夏平著 徐国强等译

早期希腊科学——从泰勒斯到亚里士多德 14.00 元

G·E·R·劳埃德著 孙小淳译

整体性与隐缠序——卷展中的宇宙与意识 21.00 元

戴维·玻姆著 洪定国等译

一种文化？——关于科学的对话 28.50 元

杰伊·A·拉宾格尔等主编 张增一等译

寻求哲人石——炼金术文化史 44.50 元

汉斯-魏尔纳·舒特著 李文潮等译

第三辑

哲人石——探寻金丹术的秘密 49.50 元

彼得·马歇尔著 赵万里等译

旷世奇才——巴丁传 39.50 元

莉莲·霍德森等著 文慧静等译

黄钟大吕——中国古代和十六世纪声学成就 19.00 元

程贞一著 王翼勋译

精神病学史——从收容院到百忧解 47.00 元

爱德华·肖特著 韩健平等译

认识方式——一种新的科学、技术和医学史 24.50 元

约翰·V·皮克斯通著 陈朝勇译

爱因斯坦年谱 20.50 元

艾丽斯·卡拉普赖斯编著 范岱年译

心灵的嵌齿轮——维恩图的故事 19.50 元

A·W·F·爱德华兹著 吴俊译

工程学——无尽的前沿 34.00 元

欧阳莹之著 李啸虎等译

古代世界的现代思考——透视希腊、中国的科学与文化 25.00 元

G·E·R·劳埃德著 钮卫星译

天才的拓荒者——冯·诺伊曼传 32.00 元

诺曼·麦克雷著 范秀华等译

素数之恋——黎曼和数学中最大的未解之谜 34.00元
约翰·德比希尔著　陈为蓬译
大流感——最致命瘟疫的史诗 49.80元
约翰·M·巴里著　钟扬等译
原子弹秘史——历史上最致命武器的孕育 88.00元
理查德·罗兹著　江向东等译
宇宙秘密——阿西莫夫谈科学 38.00元
艾萨克·阿西莫夫著　吴虹桥等译
谁动了爱因斯坦的大脑——巡视名人脑博物馆 33.00元
布赖恩·伯勒尔著　吴冰青等译
穿越歧路花园——司马贺传 35.00元
亨特·克劳瑟-海克著　黄军英等译
不羁的思绪——阿西莫夫谈世事 40.00元
艾萨克·阿西莫夫著　江向东等译
星光璀璨——美国中学生描摹大科学家 28.00元
利昂·莱德曼等编　涂泓等译　冯承天译校
解码宇宙——新信息科学看天地万物 26.00元
查尔斯·塞费著　隋竹梅译
阿尔法与奥米伽——寻找宇宙的始与终 24.00元
查尔斯·塞费著　隋竹梅译
盛装猿——人类的自然史 35.00元
汉娜·霍姆斯著　朱方译
大众科学指南——宇宙、生命与万物 25.00元
约翰·格里宾等著　戴吾三等译
传播,以思想的速度——爱因斯坦与引力波 29.00元
丹尼尔·肯尼菲克著　黄艳华译
超负荷的大脑——信息过载与工作记忆的极限 17.00元
托克尔·克林贝里著　周建国等译
谁得到了爱因斯坦的办公室——普林斯顿高等研究院的大师们 30.00元
埃德·里吉斯著　张大川译
瓶中的太阳——核聚变的怪异历史 28.00元
查尔斯·塞费著　隋竹梅译
生命的季节——生生不息背后的生物节律 26.00元
罗素·福斯特等著　严军等译
你错了,爱因斯坦先生!——牛顿、爱因斯坦、海森伯和费恩曼探讨量子力学的故事 19.00元
哈拉尔德·弗里奇著　S·L·格拉肖作序　邢志忠等译

第四辑

达尔文爱你——自然选择与世界的返魅 42.00 元
乔治·莱文著　熊姣等译

造就适者——DNA 和进化的有力证据 39.00 元
肖恩·卡罗尔著　杨佳蓉译　钟扬校

发现空气的人——普里斯特利传 26.00 元
史蒂文·约翰逊著　闫鲜宁译

饥饿的地球村——新食物短缺地缘政治学 22.00 元
莱斯特·R·布朗著　林自新等译

再探大爆炸——宇宙的生与死 50.00 元
约翰·格里宾著　卢炬甫译

希格斯——"上帝粒子"的发明与发现 38.00 元
吉姆·巴戈特著　邢志忠译

夏日的世界——恩赐的季节 40.00 元
贝恩德·海因里希著　朱方等译

量子、猫与罗曼史——薛定谔传 40.00 元
约翰·格里宾著　匡志强译

物质神话——挑战人类宇宙观的大发现 38.00 元
保罗·戴维斯等著　李泳译

软物质——构筑梦幻的材料 56.00 元
罗伯托·皮亚扎著　田珂珂等译

物理学巨匠——从伽利略到汤川秀树 61.00 元
约安·詹姆斯著　戴吾三等译

从阿基米德到霍金——科学定律及其背后的伟大智者 87.00 元
克利福德·A·皮克奥弗著　何玉静等译

致命伴侣——在细菌的世界里求生 41.00 元
杰西卡·斯奈德·萨克斯著　刘学礼等译

生物学巨匠——从雷到汉密尔顿 37.00 元
约安·詹姆斯著　张钫译

科学简史——从文艺复兴到星际探索 90.00 元
约翰·格里宾著　陈志辉等译

目睹创世——欧洲核子研究中心及大型强子对撞机史话 42.00 元
阿米尔·D·阿克塞尔著　乔从丰等译

我的美丽基因组——探索我们和我们基因的未来 48.00 元
隆娜·弗兰克著　黄韵之等译　李辉校　杨焕明作序

冬日的世界——动物的生存智慧 52.00 元

贝恩德·海因里希著　赵欣蓓等译

中微子猎手——如何追寻"鬼魅粒子" 32.00 元

雷·贾亚瓦哈纳著　李学潜等译　王贻芳等作序

数学巨匠——从欧拉到冯·诺伊曼 68.00 元

约安·詹姆斯著　潘澍原　林开亮等译

波行天下——从神经脉冲到登月计划 48.00 元

加文·普雷托尔-平尼著　张大川等译

放射性秘史——从新发现到新科学 37.00 元

玛乔丽·C·马利著　乔从丰等译

爱因斯坦在路上——科学偶像的旅行日记 45.00 元

约瑟夫·艾辛格著　杨建邺译

古怪的科学——如何解释幽灵、巫术、UFO 和其他超自然现象 60.00 元

迈克尔·怀特著　高天羽译

她们开启了核时代——不该被遗忘的伊雷娜·居里和莉泽·迈特纳 30.00 元

威妮弗雷德·康克林著　王尔山译

创世 138 亿年——宇宙的年龄与万物之理 38.00 元

约翰·格里宾著　林清译

生命的引擎——微生物如何创造宜居的地球 34.00 元

保罗·G·法尔科夫斯基著　肖湘等译

发现天王星——开创现代天文学的赫歇尔兄妹 30.00 元

迈克尔·D·勒莫尼克著　王乔琦译